大家之家

文学卷　4

车吉心　谭好哲　主编

泰山出版社 · 济南 ·

编 委 会

主　　编　车吉心　谭好哲

执行主编　尤战生　孙书文　曹成竹　董龙昌

本册作者（按姓氏笔画排列）

王远芹　王　虹　王　真　刘　颖

宋　敏　张龙俊　陈文娇　陈雪琳

武文静　崔文秀　彭永强

序 言

呈现于读者面前的这套丛书命名为《大家之家》。所谓大家，即世界史上科技文化领域卓越非凡之人物，或曰伟大人物，而大家之家，乃大家曾经所居之所也。

在人类文明的发展史上，涌现出无数堪称大家的人物，他们以其令人景仰的道德品行、永载史册的丰功伟业、博大精深的文化创造，将人类历史的浩瀚长空映照得美丽璀璨。这些文明史上的大家，以各自超凡拔俗的人生业绩，在历史的舞台上展示出生命的奇迹与荣光，也铸就了人类文明的辉煌与魅力，其成就、思想与精神为后人所神往、敬仰以至崇拜，成为泽被后世的永恒精神财富。

诚如19世纪英国著名文学家、社会批评家和历史学家托马斯·卡莱尔所言，伟大人物是历史上的英雄，也是世界历史的精华，世界史上所取得的种种成就都烙刻着他们的创造，在广义上说是他们思想的外化和具体化。因此，追随大家的生命历程，与大家相识相知，以他们为人生的借镜与楷模，不仅能够领略人类文明的雄壮景观与创造精华，也能够从中获得无穷的人生教益与生命动力。卡莱尔满怀激情地写道："对于这些伟大人物，无论你以什么方式同他们接近，他们都是你有益的朋友。一个伟大人物，尽管他并不十全十美，我们也不能小觑他，从而失去他的帮助。他是一束光，靠近他就使人愉悦欢欣。他是一束耀眼的光芒，照亮了世界上的黑暗；他绝不仅仅是一盏点燃的灯，而是一颗沐浴着上帝的恩泽而闪闪发光的明星；在我看来，这永不熄灭的光芒使人茅塞顿开，令人刚毅坚强，促人英勇崇高。在它的照耀下一切人无不感到愉快，无论何时，人们都不会因此而生倦意。"这段由衷的赞美，也正体现出本丛书为大家立传的用意所在。

当然，历史上的大家也都是尘世中人，他们之所以能够成就其人生与事业之大，不是靠神灵的独特恩宠，也不完全是靠人生的偶然与运气，而主要是靠个人的努力与奋斗。其努力与奋斗的人生轨迹千差万别难以尽述，然而又有殊途同归的相似相同之处可以言说，其中之一便是家对于人生成长与成败所具有的意义。人人都生而有家。家是生命的孕育之地，是人生的成长之所，也是生命的行走驿站，亲情、友情、爱情、乡情都会在家里留下或深或浅的印记，甚至科技发明和文化创造中的苦思与妙想、艰辛与欢欣等等，也往往冥冥之中与家有着不解之缘。因此之故，历史悠久的家会成为物质文化遗存，名人故居更是成为人们倍加珍视的一种文化遗产。这种遗产是一个国家与民族历史文化成就的重要标志，不仅对于研究人类文明的演进具有重要意义，而且对于展现世界文化多样性也具有独特作用。这又是本丛书聚焦于"大家之家"的用意所在。

"大家之家"，既是大家之故居，也是大家之精神所在，还是人们游览与精神朝拜的场所。作为一种独特的历史和文化遗存，大家故居，虽然历经时光淘洗而往往物是人非或旧貌不再，但依然记录并留下了曾居其中的大家日常生活的点点滴滴，沉淀着历史、人文、经济、社会等诸多信息，成为名人精神的象征物，具有无可替代的人文价值和历史意义。本丛书着眼于通过"家"这种有形的文化遗存，来展现人类无形的精神文化遗产，以期达成对青少年甚至一般社会人士进行优秀文化传承教育之目的，从出版的角度也是希望能够在优秀文化传承教育方面另辟蹊径，做出新的探索。

本丛书从读者易于接受的角度考虑，在书写方式上也做了大胆的尝试。全书各篇都从大家的居住之处切入历史，以专业而通俗、轻松而深刻的文字为大家作传，通过对大家的人生故事、辉煌成就及思想创造的描写与评述，带领读者走进大家的成长过程、情感世界及奋斗历程，进而走进大家的精神世界，领略其博大的思想、境界和胸怀。这种写法以"大家之家"作为精神旅游的目的地，由作者作为一个面对读者娓娓道来的精神导游者，大大拉近了普通读者与伟大人物之间的历史与精神距离，避免了读者由于学识不足或专业隔膜带来的阅读障碍。相信每一位智慧而有志向的读者都能通过书中大家的奋斗经历和辉煌业绩，获得生命启示，点燃生命激情，树立远大理想，沐浴着精神的阳光走上人生奋斗之路，攀上人生理想之巅，像书中的大家一样无愧于自己的人生之旅，绽放出生命的大美与崇高！

谭好哲

（山东大学文艺美学研究中心教授、博士生导师）

2019.7

目　录

莫泊桑

在法国北部诺曼底地区的拉芒什海峡（英吉利海峡）附近，有一座名叫迪耶普的港口城市。迪耶普向南约 10 公里处，就是奥弗朗维尔区。1850 年 8 月 5 日上午，在奥弗朗维尔区所辖的阿克河上的图尔维尔镇，一个新生命降生了，他就是未来的世界短篇小说巨匠——居伊·德·莫泊桑。

莫泊桑出生在米洛美尼尔古堡西北角圆形塔楼上的一个房间里。米洛美尼尔古堡是一座结合了哥特式与文艺复兴式风格的三层建筑，是建于 18 世纪的贵族城堡。古堡耸立在一处漫山遍野都是山毛榉树的高地上，前方是一片宽约 150 米、长约 200 米的草坪，一条由高大的山毛榉树夹道的林荫路纵贯草坪，直达古堡，衬托得古堡格外肃穆、庄严。从远处可以望见古堡突出在树冠之上的宽大深灰色斜坡屋顶，以及屋顶上对称耸立在两边的尖塔型烟囱。近看古堡的正面是一排排高大的白色落地窗，站在三楼可以眺望拉芒什海峡。白天，海水在阳光下波光粼粼；夜晚，来自海峡的潮湿凉风，穿过古堡的门窗消失在山毛榉树丛中。

莫泊桑的父亲居斯塔夫没有固定职业，仅靠自己和妻子洛尔

莫泊桑故居纪念馆（法国诺曼底迪耶普）

的几处产业收入维持生计。1854 年全家搬离了这座象征贵族身份的米洛美尼尔堡，迁至勒阿弗尔城附近戈代维尔区比古堡稍小一些的格兰维尔—伊莫维尔庄园。莫泊桑虽然在米洛美尼尔堡只生活了短暂的 4 年，但是古堡优美的自然景色开启了莫泊桑对大自然的好奇与探索，无忧无虑的乡村生活在他幼小的心灵刻下了深深的印记，成为他后来文学创作的源泉。现在，米洛美尼尔古堡被命名为“莫泊桑故居纪念馆”，每年夏季开放，迎接世界各地的游客缅怀逝去的文学巨匠。在古堡门前的花园里，竖立着一座莫泊桑的青铜塑像，莫泊桑目光忧郁而睿智，仿佛在与游客诉说着他短暂的、与病痛不断抗争的坎坷一生。

从 1880 年以中篇小说《羊脂球》扬名法国文坛，到 1891 年病重再也无法继续写作，莫泊桑的文学创作只持续了十几年。但是在有限的生命中，莫泊桑创作了 6 部长篇小说、300 余篇中短篇小说、3 部游记、1 部诗集，还包括杂文、时评、文论、书信等近 250 篇文章。尤其是在中短篇小说创作方面，无论是作品数量还是其质量，都令人赞叹。与莫泊桑同时代的法国作家、评论家法朗士认为，纵观法国中短篇小说的发展史，“他莫泊桑创造的典型更多样，他表现的题材更丰富”，无愧于“短篇小说之王”的美称。屠格涅夫将莫泊桑的作品热情推介到俄国，赞誉其是“自托尔斯泰以来最会说故事的人”①。莫泊桑的生命是短暂的，但他的文学成就是耀眼的，是一位被后人铭记的文学大师。

得遇良师

莫泊桑的文学成长之路离不开三位良师的悉心栽培。

第一位老师是他的母亲洛尔·勒普瓦特万。洛尔自幼喜爱文学，出嫁前她与哥哥阿尔弗莱德·勒普瓦特万经常参加一个文学团体活动，热爱写作并朗读彼此的作品，无拘无束地谈论文学。这个文学小团体由四位青年组成：洛尔、阿尔弗莱德、路易·布耶，还有居斯塔夫·福楼拜。可惜的是，阿尔弗莱德在洛尔婚后第二年因病逝世，文学团体就此失去了灵魂人物。洛尔的丈夫居斯塔夫·莫泊桑虽然与她的好友居斯塔夫·福楼拜拥有同样的名字，却是一个对文学毫无兴趣、风流成性的人，终日在外游荡，将父亲分给他的财产挥霍一空后，还打起了洛尔嫁妆的主意。独守空房和连续的争吵让洛尔对婚姻日渐失望，莫泊桑出生后，洛尔将全部的热情投入到孩子的成长和抚育中，潜移默化中承担了莫泊桑“文学启蒙者”的角色。洛尔信奉卢梭自然主义的教育思想，她不仅规定莫泊桑每天要在书房里学习一定的时间，阅读古今文学名著，还要求莫泊桑把更多的时间投身于大自然中。她陪他到田园和海边漫步，启发他领略大自然的美，并教他用文字描写大自然的美。在莫泊桑的许多作品中出现的关于诺曼底乡村田园景色和埃特尔塔海滨风光的描写，都得益于母亲洛尔的早期启蒙教育。

1863 年，莫泊桑 13 岁的时候，洛尔决定仿照旧式贵族的时髦做法，

---

① 莫泊桑．莫泊桑文集（第 1 卷）[M]．张英伦，等译．北京：人民文学出版社，2014：10—11．

把他送去距埃特尔塔约50公里的一所教会学校接受正规教育。这所教会学校的治校原则是“严格如斯巴达，优雅如雅典”，天性自由的莫泊桑与其奉行的苦行主义格格不入。莫泊桑对文学的兴趣最初显现于诗歌创作方面。在教会学校阴暗压抑的氛围里，为了抒发自己的感情，他写下了生平第一首诗。整天被困在高墙里的小莫泊桑，只有借助诗的翅膀，才能短暂忘记这压抑的生活。也是从那时起，他开始经常头痛，有时痛得大声号叫。这种奇怪的病一直折磨着他，并最终导致了他的死亡。1868年，莫泊桑因夹在《圣经》里的一首写给表姐的“情诗”被学监发现，被教会学校开除。

疼爱儿子的母亲再也不敢把莫泊桑托付给神父们去管束，于是想起鲁昂城里有一所著名的新派世俗学校——高乃伊中学。更为重要的是，她那个文学小团体的两位朋友路易·布耶以及居斯塔夫·福楼拜都生活在鲁昂城，当时两个人已成为法兰西闻名的诗人和作家，她可以放心地把莫泊桑托付给两位老朋友教导。于是，莫泊桑怀揣着诗人的梦想和厚厚的诗稿进入高乃伊中学。一天，学监带学生去野外散步归来，与路易·布耶相遇，学监热情地为学生们介绍布耶的身份。这次相遇使莫泊桑记起母亲经常谈起的名字，母亲曾把布耶的住址告诉了他，并嘱咐：“你可以去拜访他，我们是老朋友了。”第二天，莫泊桑带着布耶的诗集《花彩与环饰》，匆匆朝诗人家赶去。“孩子，你有什么事？”布耶打开家门问眼前的年轻人。“我是居伊·德·莫泊桑。”莫泊桑回答道。布耶想起不久前曾收到老友洛尔的信，请他指导一下莫泊桑的诗作。于是布耶收下了这个学生，成为莫泊桑的第二位老师。

空闲时，莫泊桑会拿着自己最新的诗作请老师点评，布耶耐心地对他说：“100首诗，也许还可少些，足以使一位艺术家一举成名，只要这些诗句无可挑剔并独具特色。”他使年轻的莫泊桑懂得，才华需要“持之以恒的努力，加上对写作技巧的深入了解”，还要“幸运地遇上一个适合我们各种思想倾向的题材”，才能“写出一部短短的、独一无二的，又是我们力所能及的完美之作”。[1] 布耶鼓励莫泊桑，看到事物时不要用自己读过的陈词滥调去描述它，不要模仿其他人的风格，要有自己的独创性和个人感受。

然而，1869 年 7 月 18 日，年仅 47 岁的布耶猝然离世。莫泊桑就此失去了在诗歌道路上为自己引路的良师。同样悲痛欲绝的还有福楼拜，他再一次失去了一位文学知己和密友。布耶死后不久，福楼拜在致乔治·桑的信中像孤鸿一样哀鸣痛泣：“我一点也不觉得需要写文章，因为从前我写，只为一个人看，如今他去世了。”[2] 万分悲痛中，莫泊桑和福楼拜彼此慰藉，福楼拜继承亡友遗志，接下了培育莫泊桑的重任。莫泊桑鼓起勇气将一些习作请福楼拜审阅，福楼拜不厌其烦地一一过目，即使其中只有一个词语用得精妙，福楼拜也会大加称赞，从不轻易否定莫泊桑在诗歌领域的才能。他对莫泊桑这样说道：“我还不知道你有没有才华。你要我读的那些习作，证明你还有点才气，可是年轻人，千万要记住，按照布耶的说法，所谓才华，无非是持久的耐性。努力干吧。”[3] 莫泊桑听从福楼拜的教导继续努力写作。1873 年福楼拜正式收他为弟子，成为莫泊桑的第三位也是最为重要的老师。

故居纪念馆正门

① 莫泊桑．莫泊桑文集（第 3 卷）[M]．张英伦，等译．北京：人民文学出版社，2014：240．
② 冯化太．莫泊桑 [M]．北京：中国社会出版社，2012：41．
③ 莫泊桑．莫泊桑文集（第 3 卷）[M]．张英伦，等译．北京：人民文学出版社，2014：241．

故居纪念馆大厅

此后，不论莫泊桑写诗歌、中短篇小说，还是编写剧本，福楼拜都细心地一一品读，劝告他要耐心磨炼基本功，不要急于发表。福楼拜强调一个作家必须充分发挥独创性，如果没有也必须要磨砺出一份独创性，他将这个最重要的写作原则灌输到莫泊桑的头脑中。福楼拜向莫泊桑指出一条真理：“世界上不存在两粒绝对相同的沙子、两只绝对相同的苍蝇、两只绝对相同的手。”许多平凡事物，像是一堆燃烧的篝火、平原里的一棵树，也有区别于其他篝火和平原树木的独特之处，这就需要用持久的耐性，花足够的时间，观察事物最细微的地方，摆脱前人观察结果的桎梏，找到未被发掘的未知。福楼拜曾举过一个例子：“你走过一位坐在门口的杂货店老板、一位抽烟斗的看门人、一个出租马车的车站，就告诉我，这位杂货店老板和这位看门人的姿态，他们的整体外表以及由他们的外形所显示出来的全部精神状态；你要使我不将他们与任何一位杂货店老板、任何一位看门人相混淆。你再用一句话告诉我，拉车的某一匹马在哪些方面不同于跑在它前前后后的其他五十四马。”①在反复训练中，莫泊桑从老师福楼拜的教导中领悟了文学语言的精确与凝练之美，不仅训练自己发现事物的独特性，更要学会如何将这种独特性准确表达出来——只有一个名词能将它表达清楚，只有一个动词能使它活灵活现，只有一个形容词可以将它修饰。福楼拜这位天才作家对莫泊桑的耐心磨砺，逐渐引领莫泊桑由写诗转向了小说创作，为莫泊桑找到了最适合发挥他才华的文学体裁，最终成长为举世公认的“短篇小说之王”。莫泊桑在长篇小说《皮埃尔和让》的前序——《论小说》中感谢他的两位恩师给了他不断尝试的力量，与他父亲同名的福楼拜更是莫泊桑文学道路上当之无愧的“精神父亲”。

普法战争

1869 年 7 月，莫泊桑通过中学毕业会考并获得克安大学文学学士；10 月，他奔赴巴黎攻读法律。然而，莫泊桑充实的求学生活很快被突如其来的战争打乱，仿佛一夜之间，法国的道路上就挤满了开向东部边境的法国军队。其实，自 1866 年以来，为夺取欧洲大陆的霸权，普法关系不断恶化。19 世纪 60 年代和 70 年代之交，由于人民对法兰西第二帝国反动统治的不满情绪空前高涨，拿破仑三世此时又受到俾斯麦的挑衅，因此迫不及待地要和普鲁士开战，妄图借用军事胜利获取国内民众的支持以巩固他摇摇欲坠的帝位。法国陆军大臣对外宣称法国军队做好了最万全的准备，一旦开战法国立刻能动员起“60 万精兵”。然而事实上，法兰西第二帝国根本未对战争做认真的准备，1870 年 7 月 19 日，拿破仑三世匆忙之中对普鲁士宣战。

此时将满 20 岁的莫泊桑与国内所有适龄青年一样，在充满战争狂

① 莫泊桑. 莫泊桑文集（第 3 卷）[M]. 张英伦，等译. 北京：人民文学出版社，2014：242.

热的7月里，被征召入伍。经过简单的训练，他被派往驻扎在鲁昂的勒阿弗尔军区第二师，成为该师后勤处的一名文书。8月2日普法战争正式打响。在最初几战中，法军在士气、装备和指挥方面的弱点暴露无遗，普鲁士军队占尽上风。8月中旬，普军把拿破仑三世率领的军队围困在色当，之后向法国腹地长驱直入，所向披靡，法军节节败退。其间，莫泊桑奉命送一封公函去勒阿弗尔市，在途中目睹了这次战争中罕见的大溃退，法军狼狈的景象令他永生难忘。9月2日，被围在色当的法军举起了白旗，拿破仑三世成了普鲁士的俘虏。色当法军投降的消息传到巴黎，愤怒的人民于9月4日起义，推翻了法兰西第二帝国政府，宣布成立法兰西第三共和国。9月18日，普鲁士占领了巴黎西南部的凡尔赛，迅速完成了对整个巴黎的包围。9月下旬，莫泊桑随部队从勒阿弗尔长途跋涉赶到巴黎，驻守在东郊的要塞，他决心要在保卫祖国心脏的战斗中尽一个子民的职责，哪怕牺牲也在所不辞。然而莫泊桑卫国决战的爱国理想很快破灭，10月27日，巴赞元帅率17万士兵向普军投降。

不甘心做降兵的莫泊桑寻机重返故乡小城埃特尔塔，受到乡民们同仇敌忾的情绪感染，他热血沸腾，拿起自己心爱的猎枪参加了游击队。历史学家曾严正地指出："在这次普法战争中，在备受侵凌的法国一方，发起抵抗的不是司令部而是人民。"①然而与莫泊桑的拳拳爱国之心相反，法国"国防"政府为了解除巴黎的工人武装、镇压起义的爱国人民，加快了卖国投降的步伐。1871年1月28日，法国"国防"政府同普鲁士签订停战协定，答应解散正规军，缴付2亿法郎赔款；2月26日，草签《凡尔赛和约》；5月10日，德法两国正式签订《法兰克福和约》，确认《凡尔赛和约》草案的基本条款，但是条件更为苛刻，赔款从2亿法郎增加到50亿法郎，法国还要割让阿尔萨斯–洛林的大部分地区。普法战争就此以法国的丧权辱国结束。

---

① 冯化太．莫泊桑［M］．北京：中国社会出版社，2012：57．

在亲历普法战争之后，战争中只顾私利的法国叛国者、野蛮粗鲁的敌国侵略者、奋起反抗的广大爱国民众，都成了莫泊桑短篇小说创作的重要素材。

小公务员

突如其来的普法战争打断了莫泊桑的求学之路，战后在父亲居斯塔夫的帮助下，正式退伍的莫泊桑找到一份基层公务员的工作维持生计。1872 年 3 月，莫泊桑走进海军部办公大楼，开启了他的小公务员生涯。莫泊桑在短篇小说《一家人》中，借男主人公卡拉旺先生展现了自己所经历的机械枯燥的公务员生活。“卡拉旺先生一向过着标准的公务员的生活。30 年来，他每天早上守常不变地去上班，走的是相同的路，在相同的时刻，相同的地点，看见赶去办公的相同的脸；每天晚上他循着

故居纪念馆内景

故居纪念馆餐厅

相同的路线回家，又遇见他亲眼看着变老的相同的脸。”[①]1878 年，莫泊桑再也无法忍受同事和上司对其文学创作的嘲讽和刁难，在恩师福楼拜的帮助下，放弃海军部较好的经济待遇调至教育部。而教育部更加忙碌枯燥的工作，使得莫泊桑倍感压抑。但每一段人生经历都是有价值的，近 10 年的公务员生涯后来也成为莫泊桑文学创作的来源。繁忙工作之余他从不放弃对文学的追求，继续诗歌写作，又恢复了战前每周去拜访福楼拜的习惯，潜心磨炼自己的文学才能。

从在教会学校开始写诗算起，莫泊桑已经在诗的国度中苦心钻研了 10 年，但是他的诗作仍然不能让福楼拜满意。直到 1873 年 9 月 24 日，一个平凡的周末夜晚，莫泊桑读到了都德的新作《星期一故事集》——一部描写普法战争的短篇故事集。同样亲历了这场战争的莫泊桑大受启发，文思涌动，很快写出了一个短小的故事。这次试手小说，重新鼓舞

① 莫泊桑. 莫泊桑文集（第 3 卷）[M]. 张英伦，等译. 北京：人民文学出版社，2014：86.

了莫泊桑文学创作的信心。每天下班回到租住的房间后，莫泊桑都会投入到剧本、小说的创作中。在此期间，莫泊桑在剧本写作方面未能获得成功，他最重要的作品是1875年发表在《洛林季风桥年鉴》上的处女作、短篇小说《剥皮刑犯的手》。在这篇被福楼拜评为“罗曼蒂克”“荒诞不经”的奇幻小说中，莫泊桑还不敢用自己的名字署名，而是用了“约瑟夫·普吕尼埃”的笔名。小说《剥皮刑犯的手》的成功发表，大大鼓舞了莫泊桑短篇小说创作的信心。

莫泊桑的优秀作品不是从天而降，而是严师的多年悉心培养，以及每晚伏在书桌上辛勤创作的结果。作为短篇小说家，莫泊桑从小说的内容到形式都有重大的突破与独特的手法。

痛失恩师

1880年4月15日，以反映普法战争为主题的小说集《梅塘夜话》问世，其中收录了莫泊桑的中篇小说《羊脂球》，这是莫泊桑第一次以自己名字署名发表的正式作品。短短半个月,《梅塘夜话》就再版了8次，其中最令人瞩目的正是《羊脂球》。这篇小说使原本寂寂无闻的莫泊桑成为法国文坛的一颗璀璨新星。

早在发表之前，福楼拜作为第一读者就阅读了《羊脂球》。他在给莫泊桑的回信中激动地写道：“我认为《羊脂球》是一部杰作。是的，年轻人，它正是出自一位大师之手。文章构思很新颖，通篇浑然一体，而且风格卓越。景物和人物如在眼前，心理描写很有功力。总之，我非常高兴：有两三次，我都放声大笑起来。……你可以深信，这篇短短的小说将留传后世。”①

《梅塘夜话》出版一周后，福楼拜又收到莫泊桑人生唯一一部《诗集》，

① 张英伦．永恒的流星：莫泊桑传[M]．长沙：湖南文艺出版社，1995：90—91．

这一周也是莫泊桑放弃诗歌创作的一个节点——他此后再也没有写过一行诗。福楼拜立刻翻阅这本《诗集》，看到扉页上印着这样几行献词：

献给

居斯塔夫·福楼拜：

我衷心挚爱的杰出的慈父般的朋友，

我最最敬慕的无可挑剔的导师。①

热泪盈眶的福楼拜在1880年5月3日给自己亲爱的弟子写信，相约下周见面亲自为他祝贺，谁也没有想到，这竟然是他们最后的通信。1880年5月8日，福楼拜在克鲁瓦塞因脑出血溘然长逝。莫泊桑不仅失去了一位文学良师，更失去了一位慈爱、严格的父亲。但可以告慰恩师的是，莫泊桑这位新一代文学大师继之而起。

短篇之王

《羊脂球》大获成功之后，嗅觉敏锐的报纸杂志蜂拥而至，纷纷向莫泊桑约稿，数量多达几十家。1881年4月，莫泊桑终于辞去教育部公务员的职务，成为一名职业作家和自由撰稿人，消除了母亲洛尔对儿子能否靠文学才能吃饭的疑虑，实现了自己一直追求的目标。在众多报刊大量约稿的推动下，莫泊桑的作品像飞扬的雪片一样纷纷问世。经过曾经刻苦练习的19世纪70年代，写作对莫泊桑而言不再是一件难事。《羊脂球》仿佛是一个美好的开端，彻底打开了莫泊桑文学天赋的大门，释放了他全部的文学才华，任其挥洒。莫泊桑文思如泉涌，一篇专栏或一篇短篇小说，往往一个晚上即可一挥而就。继《羊脂球》之后，他的又一部杰作是中篇小说《泰利埃公馆》。这篇小说的素材是由他的一位老朋友——《新闻家》的社长拉皮埃尔提供的。一天，拉皮埃尔在鲁昂

---

① 冯化太．莫泊桑[M]．北京：中国社会出版社，2012：116．

沿河的妓院区游逛，忽见一家妓院的门上贴着一张暂停营业的告示，原因是要参加第一次领圣体仪式。这同宗教产生了关联，这样的碰撞耐人寻味。拉皮埃尔把此事告诉了莫泊桑。1881 年 5 月，以《泰利埃公馆》为书名的小说集正式出版。

小说集《泰利埃公馆》并非莫泊桑中短篇小说创作的高峰。19 世纪 80 年代的前 5 年，正是他的中短篇小说和报纸专栏文章写作的旺盛期，一篇篇佳作源源不断地涌现，其数量之多，质量之高，堪称世界文学史上的一大奇观。他的 306 篇中短篇小说（根据法国加里曼出版社 1979 年出版的“七星丛书”版《莫泊桑中短篇小说》总目统计）和 190 余篇专栏文章，大都是这期间发表的。①

在中短篇小说的题材选择上，莫泊桑的主要贡献是结合自身经历，对小说的题材广度和深度进行扩展和提升，农村生活、普法战争、公务员和公司职员生活、妓女形象等新的小说题材从作家的眼中传递到笔尖，极大拓宽了艺术视野。

故居纪念馆房间内景

① 参见张英伦．永恒的流星：莫泊桑传[M]．长沙：湖南文艺出版社，1995：106.

故居纪念馆卧室

莫泊桑自出生起到去巴黎求学，其间在诺曼底生活了近20年，这片土地承载着他许多美好的回忆，他也创作出一批专门反映诺曼底乡村生活的小说，如《一个女雇工的故事》。年轻女佣萝丝被男雇工雅克欺骗感情而后被抛弃，无奈之下回到家乡独自生下孩子，返回农庄后凭借勤劳善良被农庄主追求并结婚，之后农庄主由于自己的问题无法生育，高兴地认领了萝丝的孩子。小说中无论是厨房里的物品摆设还是院子里的苹果树和散养的家禽，都生动细致地一一展现在读者的眼前。《瞎子》描写了一个诺曼底农庄里的盲人在父母死后悲惨的一生；《诺曼底人的恶作剧》则塑造了一个热爱打猎的诺曼底青年农庄主在新婚之夜被枪声引出家门，被人们恶作剧捆绑到树上直到天明的喜剧。另有《细绳》《老人》《在海上》《图瓦》《流浪汉》《小酒桶》《魔鬼》等作品，都是描写诺曼底乡村发生的悲喜剧。

莫泊桑亲历了1880年到1881年的普法战争，因为目睹了卖国者的可耻行径与普通民众抵御外敌的爱国行为形成的鲜明反差，所以在反映普法战争的作品中，莫泊桑偏爱展现广大民众勇于抵抗侵略者的爱国情操。例如成名作《羊脂球》，妓女“羊脂球”在普军入侵法国之后逃亡的旅途中，经过一个关卡处，出于强烈的爱国心，断然拒绝敌方军官要她陪其过夜的要求，因而马车被扣下不能放行。其他9位曾受过羊脂球一饭之恩的“上层”乘客为了自身利益，花言巧语请求她满足敌人的淫欲，马车放行之后却又对她万般鄙夷，不愿将食物分享给饥饿的羊脂球。“上层人”与“下层人”、卑鄙与高尚的相比，结合小说开头描写的入侵者的嚣张气焰与法军的溃败背景，耐人寻味。人们称赞《羊脂球》是小马车装下了大社会，用乘同一辆马车中的10个人物，生动地表现了普法战争时期社会各阶层的丑恶嘴脸。另有《菲菲小姐》《圣安东尼》《米隆老爹》《两个朋友》《索瓦热大妈》《俘虏》《一场决斗》等作品，都是对普法战争不同角度的描述。

普法战争后莫泊桑曾先后在海军部和教育部任职，当了近10年的基层公务员，而小职员的生活际遇也为其提供了又一精彩的创作题材。例如不朽名篇《项链》，女主人公玛蒂尔德出于虚荣心，向女友借了一条钻石项链搭配新裙子去参加教育部长的晚会，在回家的途中却不慎丢失。为了偿还这条项链，辛苦劳作了10年终于还清债务，此时偶然遇见的女友却告诉玛蒂尔德，借给她的是一条假项链。《一家人》中的海军部主任科员卡拉旺先生和他的妻子，由于舍奈“医生”的误诊，以为自己昏厥过去的老母亲已经死了，决定趁夜色把她贵重的物品搬到自己的卧室，结果第二天母亲又清醒了，两人只好把东西再搬回母亲卧室。

莫泊桑在巴黎生活了20多年，他善于描写现实生活中观察到的人世百态，用笔记录社会的真实面貌。例如《散步》中拉比兹公司的记账员老勒拉，从21岁开始在潮湿阴冷的小屋里伏案工作，40年的时间在重复中过去，当他年老时除了孤独却一无所有，一天傍晚他突然决定去公园散步,第二天清晨人们在公园树林里发现他已自缢。《我的叔叔于勒》《一百万》《伞》《骑马》《获得勋章啦！》《珠宝》《蒙吉莱大叔》《衣橱》《小步舞》等作品精彩纷呈，生动描绘了人生百态。

无论故事背景是朴素的诺曼底乡村，还是繁华的巴黎大都会，爱情是莫泊桑中短篇小说中的常见题材。如在《西蒙的爸爸》中，铁匠菲力普·雷米不顾世俗偏见，娶了曾经失足的好姑娘，让她的孩子西蒙也跟别的同学一样有了自己的爸爸；在《爱情》中，一只雌野鸭被猎人击落，它的伴侣在空中久久盘旋悲鸣，不肯离去，猎人将死去的雌野鸭放在地上时，雄野鸭置生死于度外飞下来，也死在了猎人的枪下。但莫泊桑的小说中更多的还是描写金钱至上的现实生活对爱情和婚姻的扭曲。《修软垫椅的女人》中的老妇自小就痴情地迷恋一个男子，但是只有在给他钱时才能同他有短暂的接触。在她死后，男子听到医生转述老妇对他的痴爱时，感到被下层人冒犯，大为恼火，听到老妇将其全部财产赠给他时，又转怒为喜。《伙计，来一杯啤酒》《遗嘱》《一个女人的供述》《月光》等作品描写了爱情在金钱之下的畸形，或是婚姻中感情的不贞而引发的闹剧。

莫泊桑不仅是一个清醒地透视社会现实的观察员，更是一位卓越的奇幻文学创作高手，其创作的奇幻小说是西方奇幻文学的重要组成部分。奇幻文学在法国盛行于19世纪中后期，与颓废派文学遥相呼应，专注于描写人在面对理性法则所无法解释的奇异现象时所经历的种种心理体验，显现出现实与虚幻之间模糊不定的界限。消极颓废的世纪末精神正是滋养奇幻小说的温床。法国文学评论家让·皮耶罗道："这种颓废气氛构成了19世纪最后20年间所显现的所有文学倾向的共同点……它还引发了（奇幻）中短篇小说和故事创作繁荣期的到来。"而莫泊桑便是这一时期知名度最高、作品数量最多的法国奇幻小说家，其创作的30多篇奇幻小说将奇幻的非理性世界融入现实的理性世界，模糊了两个世界的界限，加之他善于描写人物细腻独特的心理状态，其作品被称为"心理奇幻小说"。如果说莫泊桑最初发表的两篇奇幻小说《剥皮刑犯的手》《在河上》是小试牛刀，《奥尔拉》则是其巅峰之作，这部作品被赞为西方奇幻文学的经典之作。《谁知道呢》《米斯蒂》《珂珂特小姐》《催眠椅》等奇幻小说也都独出心裁，各具特色。

在中短篇小说的形式上，莫泊桑具有独特的艺术成就。其作品规范明晰的语言特色、第一人称的叙事角度、以小见大的细节描写，将中短篇小说的艺术价值提升到新的层次。

莫泊桑小说最鲜明的语言特色就是规范明晰。他在《论小说》中提出，说明事物要找到最能表达清楚的名词，最能使它活灵活现的动词，最能修饰它的形容词，千万不能模棱两可；刻画思想的细微差异根本不需要令人捉摸不透的词汇，应该努力成为出色的文体家而不是冷僻词的搜集者。法语本身就是一泓清水，这一语种的本质是清晰明了、合乎逻辑、刚劲有力，它容不得半点削弱、含糊和曲解。法朗士赞赏莫泊桑的文字语言："他遒劲、简洁、自然的语言带着我们衷心喜爱的土地的香味。他拥有法兰西语言的三大优点，首先是明晰，其次是明晰，最后还是明晰。"左拉也曾感叹莫泊桑的作品语言特点："啊！明晰，多么清澈的美的源泉，我愿看到每一代人都在这清泉中开怀畅饮！"[①]莫泊桑的作品不会使读者被晦涩、难懂的语言纠缠，也因此成为法国及其他国家学习法语者的经典诵读范文。

莫泊桑的中短篇小说半数以上采用了第一人称的叙事角度，因为作者本身的意图和价值判断可以深深地掩藏在众多的叙述者、受述者和人物背后，读者只需依据自身的价值判断对"我"讲述的文本做出阐释。同时，第一人称的叙事角度担负着吸引读者的作用。莫泊桑为了吸引读者的注意和好奇，会让读者的阅读欲望随着探索秘密的希望而不断增强。例如小说《劈柴》开头描写了两位年老的异性朋友坐在炉火旁聊天的场景。突然间，有一块劈柴跃出了炉膛，男主人公及时把火扑灭后说道："瞧，我一直没有结婚，就是因为这个。"[②]这句话不仅引起了他身旁老妇人寻根究底的目光，还吸引读者继续阅读以解答谜题。第一人称的叙事更真实、生动，因为人们不可能了解他人的心理活动动机，但是"我"自己的心理活动变化是可以直接描

莫泊桑雕像

① 莫泊桑．莫泊桑文集（第 1 卷）[M]．张英伦，等译．北京：人民文学出版社，2014：43．
② 莫泊桑．莫泊桑文集（第 1 卷）[M]．张英伦，等译．北京：人民文学出版社，2014：177．

绘的。例如《一个女人的供述》中就是一个年长女人对朋友以第一人称“我”的口吻讲述自己的往事：年轻时深爱的丈夫怀疑我不忠，一天夜晚以打猎为借口，在我面前枪杀了我的“情夫”，但被杀的男子其实是我贴身女仆的情人，这一晚之后我意识到我真的再也不会忠于自己的丈夫了。

故居纪念馆一隅

莫泊桑的中短篇小说具有以小见大、借斑窥豹的特点，他截取社会横断面中的某一点，从点出发概括面的特征，将小人物、小事件放置在大时代、大社会中，挖掘其背后所蕴含的典型意义，提升了中短篇小说的艺术与时代价值。题材虽小，立意高深。莫泊桑认为：“写实主义者，如果他是一位艺术家，应当力求向我们展示比现实本身更完整、更动人、更令人信服的生活图景，而不是平淡无奇的写照……写真实就要根据事物的一般逻辑，给人一幕对于真实的完整的幻景，绝非死板地、将它们杂乱无序地记录下来。”[①] 莫泊桑在写作时一直遵从老师福楼拜的教导，观察事物未被发掘的细微之处，运用细腻的笔触对事物进行精准的细节描写。例如《羊脂球》中同一辆马车里的10位乘客，他用精准的语言、细腻的描写，快速地勾勒出每一个人物不同的形象特点，人物多而不混。莫泊桑在景物描写上同样以细

① 莫泊桑．莫泊桑文集（第3卷）[M]．张英伦，等译．北京：人民文学出版社，2014：235-236．

节取胜，例如《月光》中的莱托雷夫人与另一篇《月光》中的马里尼昂神父，都在明亮、柔和的月光下做出了与自己意志相反的事情，莫泊桑笔下朦胧、神秘、圣洁的月色，仿佛透过纸张浮现在读者的眼前。

莫泊桑是一位清醒客观的社会旁观者，他用笔记录下社会现实，用明晰朴实的语言将自己的观点藏匿在题材丰富的作品中，反对用过多解释性的言论“帮助”读者理解，读者只有通过小说的情节和人物的描写得出自己的结论，在作品的字里行间找到“消失”的莫泊桑。

长篇巨匠

以 1880 年《羊脂球》的问世为开端，莫泊桑作为中短篇小说作家的才能是举世公认的，但他并不满足于只做一位成功的中短篇小说家，一直在不断尝试长篇小说的创作。1883 年，莫泊桑发表了第一部长篇小说——《一生》。以 1885 年为界，1885 年之前的 5 年是莫泊桑创作中短篇小说的旺盛期，之后的 5 年莫泊桑将更多的时间和精力投入到长篇小说的创作中，又陆续发表、出版了《漂亮朋友》(1885)、《温泉》(1886)、《皮埃尔和让》(1887)、《如死一般强》(1889)、《我们的心》(1890) 5 部长篇小说。

早在 1877 年，莫泊桑就在恩师福楼拜的关怀和督促下，开始构思一部长篇小说的提纲，并得到了福楼拜的赞许和鼓励。但这部长篇小说的写作并不是一帆风顺的。莫泊桑从 1878 开始一直写到 1880 年底，当时他在忙碌的教育部担任职员，闲暇时间很少。《羊脂球》大获成功之后，为了巩固已经占领的短篇小说这片高地，莫泊桑陆续发表、出版了多篇短篇小说，各种原因导致他中止了长篇小说的写作。直到 1881 年 11 月，莫泊桑自北非阿尔及利亚归来，辞掉了教育部的职务，断绝了一切社交，埋头写作 6 个月，长篇小说《一生》才终于完成。

《一生》的故事发生在莫泊桑熟悉的家乡诺曼底，故事的女主人公是出身贵族家庭的17岁的约娜，在修道院度过5年的寄宿生活以后回到家中。正对未来生活怀抱美好的愿望时，约娜遇见高大帅气的子爵于连，3个月后便和他结婚了。但婚后不久，她发现丈夫吝啬、自私而又粗暴的真面目。于连奸污约娜的女仆罗莎丽，使其生下私生子。约娜饱受伤害，只有儿子保尔的出生给了她些许慰藉。不曾想约娜对保尔的百般溺爱却让他走上邪路。15岁被送往外地上学以后，保尔胡作非为，欠下巨额债务之后与妓女私奔。约娜只得把自己充满快乐回忆的白杨山庄卖掉偿还欠款，收留了儿子和情妇生下的女孩。

约娜的一生是美好愿望不断被撕裂的一生，但酿成这个悲剧的绝不是因为约娜所嫁非人，也不是因为约娜养育的胡作非为的儿子，这些都是约娜碰到的偶然性原因。真实的原因是约娜所处的时代变迁，约娜的田园牧歌式生活理想的破灭，及父亲德沃男爵古老贵族家庭的解体，都是贵族传统文化被时代发展无情冲击的结果。所以，一种历史的必然性造就了约娜个人命运的必然性悲剧。从这个意义上来说，《一生》是一部具有深刻社会内涵的作品。

《漂亮朋友》是莫泊桑的又一部长篇杰作，不同于《一生》耗时5年完稿的曲折，莫泊桑仅用5个月的时间就完成了这部作品。

如果说《一生》是一部单纯贵族女孩带有自传性质的悲惨命运史，那么《漂亮朋友》则是一部漂亮男青年靠女人上位的发迹史。《漂亮朋友》的故事发生在繁华都市巴黎，年轻英俊的男主人公杜洛瓦是法国驻阿尔及利亚殖民军的下级军官，退役后来巴黎找工作，恰巧遇到在《法兰西生活报》工作的战友福雷斯蒂埃，在其引荐下进入报社，又倚靠福雷斯蒂埃的夫人玛德莱娜当上记者。福雷斯蒂埃死后，他娶了玛德莱娜。在平分了玛德莱娜得到的遗产后，又安排捉奸，逼她离婚。卑鄙的杜洛瓦赢取了报社社长瓦尔特的信任，被任命为总编，同时他又做了瓦尔特夫人的情人。瓦尔特夫人帮他在交易所赚了大钱，他却觊觎瓦尔特家的巨大财富，诱拐他们的女儿并成功与她结婚。他下一个目标是议员和部长的位子，谁都相信这个漂亮的小伙子会达成目标。

《漂亮朋友》的成功进一步证实了莫泊桑在长篇小说创作方面的出色才能。相较于第一部长篇小说《一生》围绕个体、家庭遭遇的时代悲剧,《漂亮朋友》涵盖了更丰富的社会内容，具有更深刻的社会意义，在反映社会现实的广度和深度上都有了飞跃式的进步。

小说勇敢地揭露了当时法国新闻界的种种黑幕。小说中《法兰西生活报》老板瓦尔特是一个犹太富商，同时又是一名众议院议员，他创办报纸的目的就是投机。这份报纸最后成为内阁的喉舌，他们利用报纸制造社会舆论，实现倒阁阴谋，最终为自己的利益服务。同时，小说揭露了法国政府殖民地政策的黑幕。1881 年至 1883 年，法国在非洲和亚洲采取了一系列军事行动，莫泊桑去阿尔及利亚旅行时便早已发觉，并在报纸上对法国远征突尼斯、阿尔及利亚的行径作了揭露。在小说中，他以摩洛哥代替突尼斯，描写瓦尔特在报纸上散布政府不会采取军事行动的迷雾弹，大量收购公债，以此大发横财。莫泊桑在《漂亮朋友》中揭露了资产者利用政局大发横财的黑幕，这在法国文学史上是第一次，也突破了莫泊桑不触及重大政治问题的写作原则。小说动人之处还在于，塑造了一个颇有野心、投机倒把的典型“英雄”形象杜洛瓦。杜洛瓦好色无耻，坑蒙拐骗，用尽卑劣手段在 3 年时间里飞黄腾达，获得巨额财产和令人瞩目的社会地位，获得了世俗的巨大“成功”。而小说结尾一反传统惯例，邪恶并没有获得应有的惩罚，但恰是这样的结局更加贴切当时社会的现实。莫泊桑借用杜洛瓦的形象，揭示了资产阶级社会里的“英雄”就是杜洛瓦这样的无耻之徒，也只有在这样的资产阶级社会里，这样的无耻之徒才会成为英雄。

莫泊桑的第三部长篇小说《温泉》继续保持着对资本主义社会现实的批判态度，把资产阶级积累财富的恶劣手段，以及他们在经营中钩心斗角、尔虞我诈的关系揭露得极为深刻。后来创作的几部作品，如《皮埃尔和让》《如死一般强》等逐渐转向人物心理的描写。通过 5 部优秀长篇小说的接连问世，莫泊桑向世人表明，他不仅是一位成就卓著的中短篇小说大师，还是一位成绩斐然的长篇小说巨匠。

结语

回顾莫泊桑短暂的人生历程，他一直抱有极大的写作热情，笔耕不辍。然而功成名就背后，是莫泊桑不断与病魔抗争的艰辛。早在19世纪70年代末，一直伴随莫泊桑的偏头痛已经极为严重，有时会令他摔倒在地。在他的成名作《羊脂球》问世前不久，1880年2月，他突然发现自己的右眼几乎失明。此后，伴随着猛烈的偏头痛，眼疾时发时愈。1889年11月13日，莫泊桑的弟弟艾尔维在精神病院逝世。受到剧烈打击的莫泊桑身体每况愈下，多方求医，四处疗养。1891年，被病魔折磨的莫泊桑再也无法执笔继续写作，他最后一部长篇小说《昂瑞吕斯》终究未能完成，令人抱憾。1893年7月6日上午9时，这位天才作家在与病魔的长期抗争中最终败北，与世长辞。

1890年11月，预感自己时日无多的莫泊桑，在与友人的一次

故居纪念馆侧影

谈话中表示："我像流星一样进入文坛，我将在一声霹雳中从这里离去。"① 莫泊桑的文学创作活动只持续了十几年时间，像一颗流星般转瞬即逝。一代文豪左拉在莫泊桑的葬礼上叹息道："莫泊桑在 15 年中发表了将近 20 卷作品。如果他活着，毫无疑问，他还可以把这个数字扩大 3 倍，他一个人的作品就可以摆满一个书架……谁敢说获得不朽的不更可能是一篇三百行小说，是未来世纪的小学生们当作无懈可击的完美的典范、口口相传的寓言或者故事呢？"② 莫泊桑在文学史上的重要地位主要是由短篇小说的成就所奠定的，他是法国文学史上短篇小说创作数量最大、成就最大的作家，300 余篇短篇小说的巨大创作量在 19 世纪的文坛中绝无仅有。他的短篇小说描绘了更为宽广的社会生活，构成了一幅 19 世纪下半叶法国社会的风俗画。

回顾莫泊桑短暂而又璀璨的一生，这位文学巨匠的成功绝非偶然。在严师的细心培养下，长达十几年坚持不懈的写作，才使得莫泊桑真正释放自己的文学天分并获得成功。虽然在与病魔的抗争中莫泊桑失败了，但他的作品却具有跨越时间和地域的生命力，永存人间。

（撰稿：刘颖）

① 莫泊桑．莫泊桑文集（第 1 卷）[M]．张英伦，等译．北京：人民文学出版社，2014：1．

② 张英伦．永恒的流星：莫泊桑传[M]．长沙：湖南文艺出版社，1995：245．

参考文献

高妍. 莫泊桑中短篇小说的艺术风格 [D]. 长春：东北师范大学，2008.

柳鸣九. 法国文学史（下册）[M]. 北京：人民文学出版社，1991.

李冉. 莫泊桑中短篇小说的嵌套结构研究 [J]. 外文研究. 2016（1）.

莫泊桑. 莫泊桑随笔选 [M]. 王冠群，译. 天津：百花文艺出版社，2005.

莫泊桑. 莫泊桑文集（第1卷）[M]. 张英伦，等译. 北京：人民文学出版社，2014.

莫泊桑. 莫泊桑文集（第2卷）[M]. 张英伦，等译. 北京：人民文学出版社，2014.

谈方. 奇幻小说的经典之作：评莫泊桑的短篇小说《奥尔拉》[J]. 法国研究. 2013（4）.

郑克鲁. 法国文学史教程 [M]. 北京：北京大学出版社，2008.

朱维之，赵澧，黄晋凯. 外国文学简编（欧美部分）（第六版）[M]. 北京：中国人民大学出版社，2011.

张英伦. 永恒的流星：莫泊桑传 [M]. 长沙：湖南文艺出版社，1995.

泰戈尔

英国伦敦的郊区在夕阳的照射下，恍若人间仙境。玉盘似的湖面映着金黄的夕阳、缥缈的云影和远处重叠的山峰。天鹅优雅地将脖颈依靠在翅膀里，在清澈的小湖中央安静沉睡。不远处，一处白色的庭院静静地存在了100多年。门前的篱笆丛里开满了娇嫩的红色花朵。翠绿的植物簇拥至门前斑驳的走廊扶手和窗棂前，暗红色的花瓣飘落在窄窄的石阶上。道路两旁参差的绿荫将院落掩映，整座别墅仿佛隐藏在浓得化不开的绿荫里。如果不是因为这里曾经住着一位伟大的诗人，这朴素、隐蔽的庭院可能会人迹罕至。白色的鸟儿轻轻啄着树枝上的夕阳碎片，湖畔边毛茸茸的绿草脉脉相依，泰戈尔诗意的沉思曾飘落在这里的每一处草木上，来往的游客可以感受到诗人存在的气息。每年夏季，从世界各地慕名而来的崇拜者都会在庭院门前献上一束鲜花，因为这里曾经住着一位著名的诗人——拉宾德拉纳特·泰戈尔。

泰戈尔是著名的印度诗人、文学家、社会活动家、哲学家和印度民族主义者。1861年5月7日，泰戈尔出生于印度加尔各答一个显赫的贵族家庭，自幼表现出超人的文学天赋，13岁即

泰戈尔故居（英国伦敦）

能创作长诗和颂歌体诗集。1913年，他凭借《吉檀迦利》成为第一位获得诺贝尔奖的亚洲人，名扬四海。瑞典文学院颁给泰戈尔诺贝尔文学奖，不仅是为了表彰“他的诗作蕴含的深沉意味与崇高的目标”，更是为了称赞他“以一种西方文学可以接受的形式用生动的语言来表达古老、美丽又清新的东方思想”。泰戈尔在世80年，创作生涯60多年，他的大部分的诗歌是在英国伦敦的这处小庭院里写下的。他到底是“人类的儿童”，是“孩子的天使”，还是荣获诺贝尔文学奖的“诗圣”？许许多多闪亮的光环并不能将他完整概括。他像是一曲复调交响曲，夹杂着初雪过后小松鼠跳上枝头迎接阳光的喜悦，雨后晴空下蝴蝶飞过玫瑰丛的浪漫，血海翻滚的政治风暴里撕破喉咙的悲痛呐喊，黄昏雪后遥望祖国故土的无限孤寂。伟大的诗人往往拥有着不平凡的人生，泰戈尔的漫长一生也充满着传奇浪漫的色彩。

寂寞的童年与少年时光

在印度语中，“泰戈尔”包含着“主人”的意思，这是一个象征着贵族血缘的姓氏。在泰戈尔年老时的肖像画里，他坚毅而深邃的眼神蕴藏着父辈薪火相传的智慧与胆识。这个家族的高尚灵魂包含了一种乱世里的可贵正气，这点在泰戈尔的祖父和父亲身上都得到了很好的验证。

有关泰戈尔家族显赫的贵族背景一直在民间流传。公元8世纪中叶，孟加拉地区经历了长久的政治动乱和无政府状态之后，终于建立了一个强大的印度教王国。当权者为了巩固地位，急需加固婆罗门文化的堡垒，于是邀请了卡瑙吉王国的5位婆罗门来到这里。传说中泰戈尔家族的祖先就是五大婆罗门之一的德卡什。

德瓦尔迦纳塔是拉宾德拉纳特·泰戈尔的祖父，被同时代的人尊称为“王子”。他为人慷慨洒脱，对印度的教育、医疗和文化发展等公共领域都有过资助。同时，在政治领域，他对进步的改革运动进行了不遗余力的支持。尽管他的理念在当时遭受到强烈的反对，但时间检验了他的真知灼见,如今获得了印度历史学家交口称赞。作为当时的印度巨贾，德瓦尔伽纳塔的产业广布在多个行业，有蓝靛、糖、茶、煤和石矿等。他享受着奢华的生活，素爱以王公贵族一样的排场招待宾客。他在城郊修建了一栋花园别墅，款待加尔各答的富翁和政界要人，并在那里收藏了许多西欧的珍贵艺术品。奢华的汽灯照亮了客厅烟袋上镶嵌的钻石，令人销魂的妙龄舞女笑靥如花。在无数个不眠夜里，那些酒水和欢笑就像流淌而过的古老恒河水一般连绵不断。如今,花园别墅早已凋敝败落，成为往昔显赫与荣耀哀婉动人的纪念。

代温德拉纳特是拉宾德拉纳特·泰戈尔的父亲。代温德拉纳特的童年和少年时期是在极其奢华的家庭环境中度过的，他在少年时期崇尚父亲奢华豪气的生活方式，但当他经历了祖母的葬礼之后，一切都变了。这个少年的思想发生了翻天覆地的改变。祖母在临死前被抬到恒河岸畔的瓦房里，忠诚的印度教徒最大的愿望是在圣洁的河岸上，咽下在人间残存的最后一口气。在濒临死亡的阴郁、漫长的时刻，代温德拉纳特一直陪伴在孱弱的祖母身边，宗教、死亡、信仰的意义相互缠绕，如同银河里的星辰般连绵不绝。祖母去世后，代温德拉纳特彻底脱离了原来的生活，他将私人财产分给周围的人，广泛地阅读哲学书籍和宗教著作。随后，代温德拉纳特创办“通梵协会”，尽力宣传《奥义书》中印度教的基本精神，希望将人们从偶像崇拜的迷信活动中解救出来。代温德拉纳还酷爱旅行，尽管在当时旅行是一件十分冒险且需要勇气的事情。他常年离家出游，穿过漫长的西部平原，前往喜马拉雅山。与古代先哲一样，他崇敬喜马拉雅山高耸入云的峰顶，喜欢在那里沉思自然、宗教和生活之间的哲学关系，寻觅真理和梵天深奥的哲理内涵。不幸的是，1846 年，泰戈尔的祖父德瓦尔伽纳塔去世，不久后，他的商业债务远远超过了资产，公司倒闭，债主们蜂拥而至。在这种危急时刻，父亲代温德拉纳特高贵、真诚的品格闪露出独特的光辉。尽管从法律层面来说，债主无权没收死者家属的财产，但代温德拉纳特决心用大家庭的财产来偿还父亲所欠下的债务。经过几年的勉力经营，他奇迹般地还清了全部债务和利息，甚至连父亲生前承诺过的种种捐献也一一兑现，守护住了父亲的尊严和荣耀。代温德拉纳特的种种诚信之举，使他年纪轻轻就受到了社会各界的极大尊重。

代温德拉纳特一生为印度社会作出了诸多贡献，但他为印度乃至全世界献出的最大礼物是他的儿子——拉宾德拉纳特·泰戈尔。1861 年 5 月 7 日，泰戈尔诞生在这个拥有显赫背景的家庭。在泰戈尔诞生之前，他的母亲夏勒达·黛维已经孕育了 13 个子女，作为家庭里的第 14 个孩子，小泰戈尔的诞生并没有引起太多的关注。夏勒达·黛维是一个正统的印度教信徒，拥有印度传统女性优良娴静的品质，养育出了健康、聪慧、杰出的儿女。但是夏勒达·黛维的身体状况不佳，所以由大姐苏达米妮承担起照顾泰戈尔的重任。姐姐在给小泰戈尔洗澡时，常开玩笑说：“我的拉宾长得黑，不如大家那样白净。不过有朝一日他要比大家格外光彩夺目。”尽管大姐对泰戈尔悉心照料，但也始终不能够代替母亲在他心中的地位。童年时代对母爱的渴求，不时地在泰戈尔心灵深处升起，在诗歌中升华成为一种独特的母爱意象，表现出诗人内心深处对女性关怀和爱意的渴望。在他创作的儿童诗歌以及短篇小说中，对母爱的赞颂之词就像夏季的繁叶一样数不胜数。

“我们是处在奴仆的统治之下的。为着省他们的事，他们几乎压制了我们自由活动的权利。但是不受娇惯的自由,补偿了这个约束的粗暴，我们的心灵没有受到不断的娇养、奢侈和盛饰的迷惑，因此始终是清明的。”① 在泰戈尔的童年时光里，父母经常是缺席的，陪伴他最多的人是家里的仆人。但是他将童年时代的仆人称之为“暴君”，他把奴仆的照顾称之为“仆人统治”，并坦言长大之后的自己仍清晰地记得他们所施加的虐待。泰戈尔在自传里思索，为什么仆人会给孩子们这样残酷的待遇。他想出的答案是：“我们的一切负担完全放在仆人身上，这全部负担就是对于最亲近的人，也是一件难于承担的东西。只要让孩子们做孩子的事，让他们跑跑玩玩，满足了他们的好奇心，事情就很简单了。无法解决的问题的造成，就是因为你要把他们禁闭在屋子里，叫他们老老实实地待着，或是禁止他们做游戏。”② 他所谓的“仆人的统治”实则是指教育的统治。泰戈尔意识到，不合理的教育会扼杀孩童热爱自由的天性，而自己也是在这种荒诞的教育氛围中成长起来的，这对天性不羁的他来说是一件非常痛苦的事情。然而在残酷的教育禁锢中，小泰戈尔依旧保持了对周围环境的好奇心。例如，有一次仆人为了让这个活泼的孩子安静点，便在他四周用粉笔画了一个圆圈，恫吓他说，这是一个有魔力的圆圈，如果走出圈子，就会大祸临头。于是整个下午，小泰戈尔都不敢迈出圆圈一步。泰戈尔回忆起那个时刻，依旧记得头顶榕树上的阳

① 泰戈尔．泰戈尔自传[M]．李菁，译． 北京：北京联合出版公司，2014：10.
② 泰戈尔．泰戈尔自传[M]．李菁，译． 北京：北京联合出版公司，2014：20.

光和树叶阴影的戏谑。他写道：

数不尽的细树枝低垂着，
噢，古老的榕树！
你像深沉中的大仙一般日日夜夜屹立着，
你可曾记得那个孩子，
他的想象与你的阴影戏闹。

泰戈尔在很小的时候就开始上学，但无论是早期的家庭教师、“东方学校”，还是师范学校都给他留下了残酷的回忆。他深深记得家庭教师严厉的体罚。他看到兄长和外甥坐着车子去上学，吵嚷着也要去，愤怒的教师立刻打了他一记耳光。“东方学校”教师的粗暴脾气、愤怒情绪和偏袒态度让他痛苦不已。他在自传里写道，好在自己不是那么有力量的人，能对有生命力的人发泄残暴。泰戈尔对师范学校有两段最痛苦的回忆，一段是一个老师满口脏话地伤害孩子幼小的心灵；另一段是每天上课之前，学生们必须集体合唱一首英文歌。因为语言不通，印度孩子甚至无法掌握歌词和曲调。我们完全可以想象一个坐在课桌前的年幼孩子，在老师严厉眼神的注视下，跟不上歌词和旋律时的焦虑。功课填满了他一天的时间，傍晚用过点心，英文老师阿考尔先生就夹着一本厚厚的英文字典来了。小泰戈尔不得不在昏暗的汽油灯下阅读，眼皮不禁黏在一起，打起盹儿来，大部分所学的东西都在奇幻的梦境中消失了。到了晚上用餐的时刻，饥肠辘辘的孩童在饭桌前等待一张美味的烙饼。负责泰戈尔膳食的仆人名叫伯勒吉什沃尔，像一只馋嘴的老猫一般，只要从厨房拿到美味的食物，就会为自己留一些，并且用严厉的口吻问道：“还要吗？”年幼的孩子猜测大人心思的能力总是出乎意料得强，所以小泰戈尔总是温顺地说：“不要了。”

1873年冬季，长年在外旅行的父亲终于回到家中。父亲为泰戈尔举行佩戴圣线的仪式之后，决定带着他继续完成喜马拉雅山旅行。泰戈尔第一次获得缝制5套衣服的特权，其中包括一顶金线刺绣的天鹅绒帽子。在整理行装的那些日子里，他欢快得如同初雪后在松树枝上追逐阳光的小松鼠。第一个宿营地是桑地尼克坦，命运让泰戈尔与这片亲切的土地紧紧相依，如同风筝和风的关系。多年后，这个曾经不知名的地方因他而扬名四海，成为具有国际威望的学府和无数个创造性实验的重要基地。父子俩日夜兼程，朝西边的喜马拉雅山进发。山路的两旁，长满了参天的古松。皑皑白雪在峰巅上熠熠闪烁。山路从下盘旋而上，沟壑万丈，层林叠翠。一路上涓涓溪流，淙淙作声。怀着惊奇和陶醉心情的孩子，体验着伽梨陀娑所经历的感受。父亲是一个慈爱温柔并且严纪守规的人，这次旅行他把孩子带在身边，是想把泰戈尔那颗娇嫩的少年心锻炼得圣洁而坚毅。天破晓前，东方浓厚的夜云还未渗透朝阳的光芒，大地万籁俱寂时，他总是叫醒儿子，抛开温暖舒适的毛毯，在刺骨寒晨中起床，与他一起背诵梵文颂词。泰戈尔记得，有时他会在睡意蒙眬时，看到父亲裹着红披巾，手擎油灯，轻手轻脚从他床沿走过，坐在院子里，打禅入定。天色朦胧，那是什么时辰，很难说清。父亲吟唱起《奥义书》的经文，孩子静静地听着他那优美的歌声。当太阳从东方喷射出万道金光时，他们已经在户外散步。回到屋里，父亲教他读一小时的英文，然后到冰凉的水里沐浴。清晨气温很低，泰戈尔睡眼惺忪，但仍按时从暖和的床榻上爬起来。不管他冻得如何发抖，牙齿如何咯咯作响，依然跳进水中沐浴。由于父亲的言传身教，苦行僧般的生活习惯他保持了整整一生，并一直为这种健康、淳朴的生活磨炼而感

故居正门

谢父亲，这种生活习惯给他以毕生的帮助。迎接喷薄的朝阳、倾听鸟儿的第一声啁啾声，对他来说，不再是一种宗教礼仪，而是人生的快乐。在泰戈尔 11 岁时，他脱离学校和家庭的枯燥生活，同父亲一起度过的 4 个月，成了他寂寞童年生活中最幸福的日子。

故居窗扉

童年时期父母的缺席和不自由的严酷环境，并没有造成泰戈尔卑怯的性格，反而激发了他非凡的想象力。他有时候会躲进家中一顶老旧的轿子里，轿身上斑驳的花纹残留着家族昔日繁盛的痕迹。被抛弃的旧轿子成了这个可怜孩子的神秘的老友。小泰戈尔经常躺在轿子里，掩上百叶窗，光线变暗，他乘坐着轿子在想象的世界里驰骋。他和他的旧轿子游览了数不清的奇异的国家，他们观赏了维亚瓦纳森林里的林荫大道，窥见了黑暗丛林里火星一样闪烁的老虎眼睛，它嗜血的眼神可以把最勇敢的武士吓疯，小泰戈尔的身体因为害怕而抖得咯咯直响。随后，老旧的轿子又化身成炫丽的孔雀船，离开金色的沙滩海岸，在蓝色大海里游弋，朝着遥远的东方缓缓前行，如同小小的熨斗渴望熨平这巨大的蓝色衣裳。水中的桨板发出淙淙的溅水声，浪花在四周翻腾，在太阳的光辉里翩翩起舞。从泰戈尔童年丰富的想象中，非凡的文学想象力已经在他头脑中萌芽。

繁华的文学世界

少年时期，泰戈尔曾天马行空地渴望用花瓣的香汁写诗，甚至请来一位工匠为他研制花汁。虽然按照泰戈尔的方法，花朵一滴汁水也没有流淌出来，但是这件事对他来说仍是一段浪漫的回忆。这个被缪斯手指轻抚过的少年已经渐渐感受到花瓣和文字之间一种朦胧的关系，这让他如痴如醉游走于文学与现实之间，文学想象带来的体验令人陶醉。他找到一沓蓝色的笔记本，将自己烂漫的想象用诗句的形式涂写在上面。他形容当时的自己像刚刚长出新角的牝鹿，到处用头去碰撞，总是用自己刚写出来的诗，为难大家。这是泰戈尔谦逊的说辞。实际上，同伴们总是称赞他在诗歌中透露出的聪慧和才华，并不断地邀请他朗读诗歌。有一次，他朗读了一首新写的诗歌。这首诗歌蕴含着痛苦的情感：有人为了采集莲花，跳进河中；但是他的双手搅起的水浪，把荷花越推越远，从而使自己永远无法够着莲花。长辈们对这首诗赞赏不已，脸上绽放出赞美的笑容，他们认为，这孩子有写诗的才华。可惜的是，这本记载了伟大诗人少年时期诗句的蓝色本子不翼而飞。不过，诗人后来充分肯定当时的积淀和创造，他用冬末开花的第一朵杧果花苞比喻年少时期的努力，说它的开放就是为了枯萎后的记忆。

泰戈尔的文学创造力在充溢着书香气的家庭环境中慢慢养成，他又凭借笔耕不辍的坚韧品质，在文坛渐渐显露出天才般独特的锋芒。中年时期的泰戈尔凭借《吉檀迦利》，成为亚洲第一位诺贝尔文学奖的获得者。1914 年 1 月 24 日，瑞典学院诺贝尔委员会主席哈拉尔德·雅奈在授奖词中说："作者本人，虽然按其所受的教育和创作实践是本民族印度语言的诗人，但他已经给这些诗歌穿上新装，形式同样完美，灵感同样具有个人独创。这使它们能为英国、美国和整个西方世界的全体读者所接受。”[1]《吉檀迦利》是一部宗教抒情诗集，是一份“奉献给神的祭品”。泰戈尔向神敬献的歌是“生命之歌”，他以轻快、欢畅的笔调歌唱生命的枯荣，描写现实生活的欢乐和悲哀，表达了他对祖国前途的关怀。泛神论代表作《吉檀迦利》描写了诗人对神的无限赞颂，对神之降临的渴望，无法接近神的失望，以及与神合一之后的灵魂净化，寄予了诗人对世界的向往和沉思。印度是一个崇尚宗教的国度，千百年来人们渴求在宗教的神秘国度里寻找人生真谛和智慧。泰戈尔将现代西方人文主义与印度传统宗教相融合，创造了独特的“诗人的宗教”，这种生命哲学的深刻内涵充分体现在《吉檀迦利》中。《吉檀迦利》的文字和韵律十分优美典雅，字里行间渗透着深邃而神圣的意蕴。西方文学所不具备的品质在泰戈尔的《吉檀迦利》中表现得那么自然，毫不造作。清新朴素，是泰戈尔诗歌最大的特色。《吉檀迦利》中，没有华丽的词语，没有夸饰的情感，句句犹如白话，却有独特的令人沉醉的艺术效果，使读者进入一个自由美好的乐园。这是一种美的源头，以此不断酝酿出美的价值。泰戈尔的诗歌充满理性和感性交织的美感，哲理与抒情在这里得到了完美的统一，表达了对完美世界的极度向往，对人生道路的深度探索。诗歌清新朴素的语言中透露出诗人浪漫的想象，显现了一种奇异的艺术效果。同时，泰戈尔善于使自己的思想与感情插上想象的翅膀，让它们在美好的乐园里自由地驰骋。

泰戈尔因其诗歌而举世闻名，但他又不仅仅是一位才华横溢的诗人。他一生创作了 50 余部诗集，30 余部散文，12 部中篇、长篇小说，近百部短篇小说，20 多个剧本，2000 多幅绘画，包括印度国歌在内的 2000 余首歌曲，以及大量的理论、学术著作。他丰富而多样的文学创作可以说是印度近代文学史上的奇迹。

不幸的生活往往催生出伟大的诗人。泰戈尔诗歌是无数不幸浇灌出

---

① 泰戈尔．饥饿的石头[M]．倪培耕，等译．南宁：漓江出版社，1983：539—540．

的艺术之花。诗人在青年时期的诗集《刚与柔》中就不断地思索死亡的意义，透过死亡展开对人生的思索。诗人的每一部诗集里都隐藏着死亡的影子，正是死亡这一独特的意象让泰戈尔的诗歌带有一种玄妙神秘的美感。他对死亡意象的执迷，首先源于婆罗门大家庭中的死亡阴影。1875 年 3 月 8 日，清晨，当他醒来时，等待他的是母亲去世的噩耗。当时泰戈尔年仅 14 岁，还没有明白死亡的含义。他看到母亲躺在院子里的一张床上，仿佛沉浸在深深的酣睡里。当从家里抬出母亲的尸体，他跟随长辈一起去火葬场时，他才第一次意识到，母亲再也不会回来了，她在家里长时间待过的、人们熟悉的地方将永远空缺。一阵悲哀的巨浪在他心里翻滚起来，久久无法停息。不久后，哥哥的年轻新娘伽登帕莉·戴维为失母的泰戈尔提供了安慰和抚爱，成为他心里的一片清凉绿荫。伽登帕莉本人，也是一位文学和音乐的爱好者，她对艺术有深刻而敏锐的理解。他们相伴度过了一段非常美好的生活。但好景不长。伽登帕莉的死亡如同夏日里最繁丽的花朵凋零，花瓣飘落进诗人心里，成为诗魂里的永生花。“我握着你的手，我的心投入你双眸的幽暗深处，寻觅着你，你却一直把我回避，躲藏在诗词和沉默的背后。”虽然嫂子走了，但她的形象一直在他心头萦绕不去。然而，死神诡谲的脚步并没有停止。泰戈尔年轻的妻子去世前的两个月，他昼夜照顾她。整个夏天，泰戈尔绝大部分时间都坐在妻子的病榻旁，缓缓地为她摇扇子。妻子去世后，他通宵达旦地在阳台上踱

1924 年泰戈尔访问北京

步。或许诗人在怀念妻子生前登台演出他创作的戏剧《国王与王后》时活泼的样子，或许在缅怀她烤烙饼时厨房里弥漫的香味。在阳台清冷的月光下，诗人孤独的影子缓慢而沉重地移动。他在整理妻子的遗物时，发现了他送给她的一沓信札。她把这看作人间最珍贵的礼物，小心翼翼地保存着。他心潮起伏，思绪万千……在妻子去世后的几个月，泰戈尔最疼爱的女儿莱努伽又患上重病。医生建议，送孩子去山区呼吸一下新鲜空气，缓解病情。泰戈尔带着生病的女儿先后去了哈扎利公园和喜马拉雅山的阿尔莫拉。这段旅行十分不容易，因为路途遥远，部分路程需要马车和牛车，有些山路需要泰戈尔抱着生病的女儿步行。然而，他面对死神做出的任何挣扎都是徒劳的，在妻子去世 9 个月之后，13 岁的莱努伽也去世了。泰戈尔非常疼爱这位富有才华和艺术天赋的女儿，她的死亡再次带给他沉重的打击。他埋头将精力放在工作上，不断增加自己编辑的杂志的页数，渴望以此来麻痹痛苦的神经。渐渐地，在亲人相继去世的痛苦中，他意识到死亡不再是恐怖的象征，因为只有死亡才可以把他带到她们那里。死亡给诗人带来沉重痛苦的同时，刺激了他对生命和死亡的思考。泰戈尔从思想层面超越了死亡，克服现实生活中亲身经历死亡的阵痛，积极地建立起自己独特的向死而生的死亡观。死亡是人类必须经历的，有限的生命通过死亡走向无限，是达到“梵我合一”的途径之一。对死亡意象神秘而绚烂的描写，使泰戈尔的诗歌在形式上产生丰富的美学意义和价值的同时，还包蕴着对死亡的坦然态度和诗意哲思。

1924 年泰戈尔与林徽因、徐志摩在一起

或许正是因为与死亡的“密切接触”，泰戈尔有着深沉的宗教情怀。他在很多场合说过，自己的宗教是“一个诗人的宗教”或“一个艺术家的宗教”，“既不是一个正统的虔诚的人的宗教，也不是一个神学家的宗教”。[①]泰戈尔自幼生长在浓郁的宗教环境中，他的宗教哲学思想主要来源于印度古代《奥义书》哲学和印度教毗湿奴教派教义。作为一个充满想象力的诗人，泰戈尔把梵描绘成一种人格化的神。泰戈尔在少年时期的欧洲留学之旅中受到泛神论的影响，使他较为容易接受欧洲资本主义社会“自由、平等、博爱”的人道主义主张，因此他在颂神的同时宣扬一种“泛爱”思想。达到“梵神”和“泛爱”的统一是诗人追求的最高境界，在“有限”中领悟“无限的欢乐”，这种伟大结合时常出现在他的诗歌创作中，构成其诗歌的神秘主义色彩。

伟岸的社会家

泰戈尔对印度教育一直怀有深切的忧患意识，他认为当时的教育制度严重损害了新一代青少年的健康成长。印度学生从小生活在严格的体罚教育中，泰戈尔自小深有体会。“严厉叱责”“藤条滋味”已经成为骨瘦如柴的当地儿童的必修课。与此同时，印度学生从小就被要求掌握复杂的英文，而不是首先学习如何用母语轻松自由地表达思想感情。人们用英文知识填充大脑，然后在上流文化圈里装腔作势。泰戈尔认为这种教育将儿童当作无生命的模型，让他们呆若木鸡地坐着，功课像花朵上的冰雹一样打在他们身上。

在泰戈尔的教育观里，孩子能够用一种非同寻常的方式感受身边的活动，在对外来信息的感官方面的能力超过老师。在用脑学习之前，他们总是利用肢体和感觉器官开始学习。因此，有必要以特定的环境激励

① 泰戈尔．泰戈尔全集（第二十卷）[M]．董友忱，等译．石家庄：河北教育出版社，2000：297．

和培育他们的好奇心，尽量使他们能够愉快而简单地认识周围世界。泰戈尔认为，大自然是最优秀的老师，所以他让学生在广场的树荫下上课，鼓励他们研究大自然瞬息万变的形态，热爱大自然。教育并不是在玻璃暖房里培养温室花草。如果他们的根不在祖国的土壤里，脱离了日常生活的实践，就会成为精致无用的文化摆设。他提醒同胞应该改变文化态度，民族生活不应模仿他人，而是消化他人的东西。他认为教育要强调个人的自我表现和个性的发展，拒绝成为其他文化的附庸，也避免使自我变得尖酸刻薄、贪得无厌和自我扩张。泰戈尔并不是只重视理论工作的理想家，但凡他所信仰的事业，他定会事必躬亲，献出自己的力量和时间。他开办学校，参加学校的全部管理工作并执教，亲自编订适合当地儿童的初级读物和教科书，持续创作大量的儿童文学作品，包括诗歌、戏剧和短篇小说。

1901 年 12 月 22 日，泰戈尔在桑地尼克坦为自己创办的学校揭幕。他模仿古代森林隐士，给学校起名为“婆罗门修身所”。当时，包括他的长子在内总共只有 5 名学生，学生的吃住都是免费的。但是，若使教育机构方兴未艾，需要大量的资金和充足的生源。为了维持学校的开销，他不得不把自己在布利的房产和一部分藏书卖掉。为了支持他的理想，妻子默勒纳妮莉慷慨解囊，贡献了陪嫁首饰。她是学校里所有孩子的母亲，在只能吃粗茶淡饭的生活条件下，精通烹饪的她不时做些美味可口的烙饼改善孩子们的伙食。1931 年，泰戈尔把自己收到的诺贝尔奖奖金全部捐献给桑地尼克坦学校，储蓄在他早年在帕蒂萨尔的庄园所创办的农业合作银行里。20 年后的 1951 年，这个位于桑地尼克坦的儿童学校，发展为一所世界性大学——印度国际大学，成为东西方文化的汇合点。

桑地尼克坦的乡村生活使泰戈尔获得了与祖国土壤亲密接触的机会，管理田产的事务使他目睹了广大农民的生活。泰戈尔虽出身名门望族，一直接受贵族式的教育，但他并没有厌嫌农民。相反，他渐渐热爱他们。这种爱使他了解到农民孤立无援的悲惨处境，正如母亲凭借爱了解自己有缺陷的孩子一样。泰戈尔的作品中有很多对田野的描写，如"从系船的河岸上，从草丛中，飘来一阵清香，大地也散发出一阵阵热气，轻轻抚触着我的身体。我感到，生气勃勃的大地正向我吹送温暖，她一定感觉到了抚触着她身躯的呼吸"。默默忍受苦难的农民唤起了泰戈尔内心深处质朴的人性，使他的心灵变得柔软，他的爱更为理性而温暖。他形容农民如同受命运摆布的淳朴又孱弱的孩子，当大地母亲无法提供给他们秋收的粮食时，他们只能哭喊。而当情况稍微缓和些，他们就会忘掉一切，只看到收获季节沉甸甸的粮食。泰戈尔的这种深切的关怀不仅仅停留在文学的虚构世界里，他做了一切可以做的事情，帮助这些"硕大而羸弱的孩子"成为自食其力的人。他比甘地早 20 年，比民族政府早半个世纪开始集体模拟工业发展的最初试验。他的村社发展方案是建立在资助和启蒙基础上的。泰戈尔认为，启蒙至关重要，当时人们盲从而可怜，对于最基本的科学知识全然无知。泰戈尔在农业改革领域所进行的试验最初是为了帮助给他家种地的农民。当他在桑地尼克进行教育实践时，他创办了一个附属于教育基地的平行机构，名叫农场和工艺中心，继而成为什利尼克坦大规模村社发展试验中心。泰戈尔力图通过组织社会活动和社会服务，在学生和农民之间建立一种密切的联系。作为一个社会改革家，从 1890 年到 1941 年的 50 多年间，泰戈尔主要关心的问题就是印度的农民问题。他利用有限的资源，在自己能起作用的地方，帮助农民建立学校、医院，修建道路和池塘。为了使农民免于高利贷者的敲诈勒索，免于被靠诉讼致富的小律师搜刮，帮助他们建立合作企业、银行和自治制度。这样做一举两得：农民获得低息贷款，学校有了固定收入。泰戈尔劝说帕迪萨庄园上的佃农组织起来，建立了福利团体"乐善协会"，协会后扩展到 125 个村庄，覆盖六七万人口。协会自筹资金，泰戈尔田庄也对它进行了捐赠。协会管理学校、医院以及其他福利中心。泰戈尔的儿子罗梯德拉纳特长大后，没有被送进牛津大学或剑桥大学，虽然那时印度上流社会的人认为把孩子送进名校是贵族父母天经地义的职责。罗梯德拉纳特被送往美国的伊利诺斯大学学习农业知识。泰戈尔认为，农业发展比任何其他发展更需要科学知识，因为印度绝大多数的人民靠土地为生。他宁愿儿子在伊利诺斯大学学习，成为优秀的农夫，也不愿他在牛津成为所谓绅士群体中的一员。泰戈尔不媚俗于世俗，不拘泥于陈规，引导自己的孩子朝通向真正人生价值的道路前进，这需要独立的精神以及非凡的勇气。流淌着泰戈尔家族血液的罗梯德拉纳特也非短视之辈，年轻的他欣然接受父亲的建议，为了民族的农业现代化事业远赴美国留学。

故居外景

泰戈尔深深眷恋印度的每一寸土地，他灵秀清纯的文字渗透着泥土的芬芳，印度古老美丽的土壤滋养了这位伟大的社会改革家。作为一位诗人，双手上因劳动而结出的沧桑老茧，让文字符号有了心，让美丽的花朵有了花蕊。他身体力行的姿态是一场人生典仪，流露出圣洁高贵的气质。

1941 年 7 月 5 日，病重的泰戈尔被送往加尔各答，在故乡的祖屋里度过了生命的最后时光。这里仿佛还回荡着他从母体诞生时的啼哭声、儿童时嬉戏时欢乐的笑声、少年时研制花墨的香味，以及妻子年轻时曼妙的身影。时光在他身上永久地停止了。泰戈尔的诗歌经受住了时间长河的检验——神秘的东方智慧、纯净的自然世界和对爱的永恒追求打动了全世界的读者。泰戈尔毕生投身于印度民族独立的伟大事业，致力于社会改革的高尚情怀，影响了一代又一代进步青年。印度女诗人萨诺基妮·奈都在纪念泰戈尔时说："由于天才、智慧和本领，优雅个性的威望和迷人，他成为自己生活里令人神往的独一无二的传奇人物。现在他已作古，他的本身已成为一部优秀的史诗，一个流芳百世的神话故事。然而，他的歌曲犹如春天的含苞待放的花朵，将使子孙万代感到新鲜，他那像月亮清辉般的音乐令人流连忘返。”泰戈尔留下的艺术作品犹如夜空里的明星，用灿烂的星光照亮整个人类世界。

（撰稿：武文静）

参考文献

克里巴拉尼. 泰戈尔传 [M]. 倪培耕，译. 南宁：漓江出版社，1984.

泰戈尔. 泰戈尔全集 [M]. 董友忱，等译. 石家庄：河北教育出版社，2000.

泰戈尔. 泰戈尔自传 [M]. 李菁，译. 北京：北京联合出版公司，2014.

契诃夫

这里的夏天并不喧嚣，也不燥热，反而称得上是一年中最好的光景。郁郁葱葱的植被，错落有致的花簇，将小城装扮得温馨而典雅，几株白桦树在微风中颔首致意。一碧万顷的天空中，几只老鹰正在悠然徜徉，展翅而飞，俯视着这片祥和静谧的土地。这里，是位于俄罗斯首都莫斯科东南 40 公里的美里霍沃庄园，是被誉为“世界短篇小说之王”的契诃夫的故居。正是因此缘故，美里霍沃所在的洛帕斯尼亚区如今被命名为契诃夫区，作为区中心所在地的洛帕斯尼亚城也更名为契诃夫市。

1892 年年初，为了改善居住条件和写作环境，契诃夫在妹妹玛丽娅的帮助下买下了美里霍沃庄园。在这里，契诃夫度过了将近 7 年的光阴，这是契诃夫创作精力极其旺盛、创作大放异彩的 7 年。美里霍沃庄园主要的建筑是一幢平房，平房共有 8 个房间。契诃夫的书房和卧室，居于最为突出的位置，是契诃夫写作、读书和休憩之处，是这位伟大作家灵魂与身体共同的栖居之处。除此之外，庄园至今还保留着契诃夫的父亲、母亲、妹妹和弟弟的卧室。可以想象，契诃夫一家在终于摆脱贫困的侵扰后，其乐

契诃夫故居（俄罗斯契诃夫美里霍沃庄园）

融融地生活在一起的温馨场景。19 世纪的最后几年里，契诃夫的父母经常居住在美里霍沃庄园，妹妹玛丽娅一直以来都是庄园最主要的管理者，契诃夫的兄弟以及侄子们也是美里霍沃的常客，他们共同生活在一起，操持着柴米油盐，享受着天伦之乐。庄园主屋背后有个面积不大的池塘，这是契诃夫一家入住后修建的，也是整个庄园里契诃夫最为青睐的场所之一。据说，当年契诃夫经常在池塘边或迎风垂钓，或踱步遐思，或赏花观景，这成为他读书写作之余修身养性的一种生活方式。契诃夫的书房正对着一片菜地，妹妹玛丽娅很擅长种菜，菜园里硕果累累，丰富着一家人的生活，更滋润着作家的身心与灵魂。

人的一切都应该是美丽的，无论面孔、衣裳，还是心灵、思想，这是契诃夫对人类、对世界的美好愿景，同时是他作品中所倡导的。契诃夫称得上是俄国 19 世纪末 20 世纪初最为杰出的短篇小说作家之一。在戏剧方面，契诃夫同样成就卓著。更加难能可贵的是，他的戏剧敢于突破陈规，开风气之先，领时代之新，在世界戏剧史上具有承上启下、破旧立新的意义。

在中国，契诃夫广为人知，读者数以亿计，他的创作直接影响了一大批著名作家，鲁迅、茅盾、郭沫若、巴金、曹禺、汪曾祺、贾植芳、流沙河……他们的作品中，或多或少都投射着契诃夫思想与艺术的光辉。"契诃夫是那么温和、幽默、含蓄和人间化，他的气质很容易为中国人所理解，受到普遍的欣赏"①。

契诃夫一生中创作了300余部严肃文学作品，其中有42部写于美里霍沃庄园。自1886年接受格里戈罗维奇的建议开始从事"严肃创作"，到1904年英年早逝，契诃夫的创作生涯持续了不到20年，在美里霍沃的7年是他创作的黄金期。许多小说名篇，如《六号病室》《黑修士》《文学教师》《挂在脖子上的安娜》《带阁楼的房子》《我的一生》《套中人》《农民》，以及影响巨大的剧本《海鸥》《万尼亚舅舅》，均创作于美里霍沃庄园。

在19世纪的俄国文学大师中，契诃夫无疑是和托尔斯泰、果戈理

故居外景

① 路雪莹．契诃夫与美里霍沃庄园［M］．济南：山东友谊出版社，2007：12．

和陀思妥耶夫斯基一样伟大的人物。但是，契诃夫与上述三位文学巨人又有着显而易见的区别——在他的作品里，很少出现波澜壮阔的场景，也缺乏深入骨髓、痛彻人心的思考，甚至连对丑恶社会现实的批判、嘲讽都相对温和。“在契诃夫的作品里，可以看到19世纪末20世纪初俄国那个颠沛流离、动荡不安的时代中知识分子的良心和灵魂”①。契诃夫的作品如话家常，朴素随和。在他身上，读者看不到居高临下、盛气凌人的气势。相反，他让我们感受到的，永远是诚恳而谦逊的态度，忧郁而善良的思虑，是如你如我一样小人物的笑与泪。他以揶揄但又不乏同情，冷静而又不乏诗意，亲切却又不乏讽刺的方式叙写人物，尤其是小人物们的灵魂——写他们的伤痛和卑微，愚笨和粗俗，写他们凡俗的愉悦与琐碎的烦恼。“头脑必须清楚，心地必须纯洁，肉体必须干净”②，契诃夫在创作上曾有如是主张，他也确实是这样做的。他温文尔雅，不事张扬，却播撒爱意与希望，他的人格魅力与艺术品质也正是因为有着这样的底色，散发着恒久的光芒。

少年初入文坛

在19世纪的俄国，绝大多数文学大师出身于富贵之家，无论是普希金、果戈理、陀思妥耶夫斯基、莱蒙托夫、涅克拉索夫，还是托尔斯泰、屠格涅夫，都是来自于相对富足的家庭，尤其是托尔斯泰和屠格涅夫，更是出生于富甲一方的贵族家庭。然而，契诃夫却与他们不同，他出身低微，在极其艰苦的环境中，依靠自身的勤奋与天赋，以写作改变了命运，也让自己跻身于俄国乃至世界文学的最高殿堂。

1860年1月29日，安东·巴甫洛维奇·契诃夫出生于俄国南部罗

① 马彰铭，王志耕．19世纪俄国文学史讲稿[M]．上海：华东师范大学出版社，2013：146．
② 契诃夫．契诃夫手记[M]．贾植芳，译．天津：百花文艺出版社，2012：10．

斯托夫州亚速海边的塔甘罗格。这是位于亚速海东北部的一个海湾城市，距离著名的顿河河口有几千米。在家里存活下来的6个孩子中，契诃夫排行第三。契诃夫出身寒微，他的祖父和父亲都曾是农奴，他们勤劳持家，省吃俭用，渐渐积累钱财赎了身。契诃夫的父亲在塔甘罗格开了一家杂货店营生。

契诃夫的童年是在贫困、辛劳和不安中度过的。他虽然有着一位和蔼善良的母亲，然而，家中往往是性格专制粗暴的父亲大权独揽。父亲的坏脾气给契诃夫的童年留下了永远的阴影。以至于在他年近而立之时，目睹了哥哥亚历山大的坏脾气之后，写信哥哥这样说道："我请你记住，是专制和欺骗毁坏了母亲的青春。专制和欺骗也葬送了我们的童年，以至于一提到这些我就感到恶心和可怕。请你想想，每当父亲在饭桌上因为午餐的菜汤做得太咸而大发雷霆，或骂母亲是白痴的时候，我们心里是多么的厌恶和恐惧啊！现在父亲也不能为这一切原谅自己。"①

就是在这样贫穷而不安的环境中，契诃夫慢慢长大。除了眼睁睁地看着母亲挨骂之外，他不得不到父亲的杂货店里帮忙，甚至还要承受性格暴戾的父亲的打骂。童年的痛苦经历在他的小说中得以体现。1886年，契诃夫创作的短篇小说杰作《万卡》，写的就是一名9岁童工的悲惨生活，其中就有作家自身的影子和切身感受：圣诞节前夜，万卡在城里的店铺里受到虐待后，只能一边流泪一边给乡下的祖父写信倾诉，而这样饱含热泪的信件，却未必能寄送到祖父那里……

1879年8月，契诃夫完成了中学学业。19岁的他考入了莫斯科大学医学系，他迫不及待地离开故乡，来到莫斯科，与家人团聚。此前，由于杂货店破产，父亲为了躲避债务，只好带着家人来到莫斯科，依靠给富商当差挣一点零钱勉强度日。

由于经济上的困顿，契诃夫一家想方设法挣钱养家糊口。二哥尼古

---

① 童道明．契诃夫传[M]．北京：线装书局，2014：3.

故居小窗

拉是个画家，靠给一些幽默刊物画插图补贴家用。这启发了契诃夫，他决定利用自己在文字方面的特长，为杂志写文章赚取稿费。

契诃夫公开发表的第一篇作品是则幽默故事——《一位顿河地主写给有学问的邻居的信》，刊发在1880年第10期的幽默杂志《蜻蜓》上。事实上，这一期杂志上，还刊发了契诃夫以“安东沙”为笔名的另外一则幽默作品《在小说中常常遇到的是什么》。这两篇文章均属于讽刺小品，对当时的庸俗人物以及了无新意的小说作品，给予了讽刺与批评。这样的讽刺作品在当时的俄罗斯极受欢迎，契诃夫能够从中得到不菲的稿费，这对于一个贫寒的年轻人而言非常重要。契诃夫大喜过望，乐此不疲。短短的两三年时间，契诃夫便在幽默故事领域声名鹊起，如鱼得水。一时间，《蜻蜓》《闹钟》《观众》《蟋蟀》《花絮》等幽默刊物，都成了医科大学生契诃夫大显身手之地。契诃夫使用不同的笔名发表了大量幽默作品，仅仅在1883年这一年，契诃夫就发表了120篇文章。

契诃夫早期的作品，水平不一，这跟他写作的初衷密切相关。“他脑子里还想着他是个需要担起养家糊口重任的年轻医生，他需要卖掉这些手稿，就像别人到市场上出售业余爱好时在桌边做的一些小玩意。”[1]然而，这些为数众多还称不上优秀的作品，却体现出了契诃夫一以贯之

① 科岱．契诃夫画传[M]．徐晓雁，译．北京：作家出版社，2010：46.

的人格与气质：他具有鲜明的社会批判意识，冷眼观察世间万象，积极揭露社会弊病，对小人物虽然不乏讽刺与鞭笞，但还饱含着热切的关怀与同情。

当然，契诃夫早期为数众多的短篇讽刺作品中，也不乏脍炙人口的佳作。1883 年发表的《一个文官的死》《胖子和瘦子》，1884 年发表的《变色龙》，1885 年发表的《普里希别叶夫中士》等，作为契诃夫初入文坛的早期作品，显示了他杰出的幽默才能以及较强的社会批判意识。同时，契诃夫短小精悍的文体风格逐渐彰显，自成一格。

《一个文官的死》讲述了一位地位卑微的小官员因为一个喷嚏，自己将自己吓死的故事。文职小官员切尔维亚科夫原本怀着愉快心情去看歌剧，看戏时，一不小心打了个喷嚏，将唾沫溅到了坐在前排的将军身上。小文官唯恐将军会将自己的不慎过失视为故意冒犯，诚惶诚恐地再三去道歉，最终那位将军不胜其烦，从毫不在意到大发雷霆。在遭遇将军的大声呵斥之后，切尔维亚科夫又惊又怕，最后竟然一命呜呼。《变色龙》

故居内景

讲述的则是一件发生在街上的小事。首饰匠赫留金被一只狗咬伤后，警察奥楚蔑洛夫负责处理此事。奥楚蔑洛夫因为狗的主人的不同，处理态度、所说话语像变色龙一般迅速改变，随意切换。两篇小说虽然结局大相径庭，却都将小公务员、小警察谨小慎微、卑微怯懦的奴才性格刻画得淋漓尽致、入木三分，既描写了小人物人格丧失之后可怜、可笑、可叹、可悲的状态，也以曲笔的形式表现了等级森严的官僚制度对人格的扼杀及对社会的戕害。事实上，社会制度的不公，恰恰是造成小人物奴颜婢膝心性的根源所在。

创作渐入佳境

契诃夫发表的作品越来越多，写作手法愈加熟练，逐渐在俄国文坛崭露头角，受到了文学前辈的关注与提携。其中，文学大家格利戈罗维奇的鼓励和帮助至关重要。

“您的信像一声惊雷震动了我。”在 1886 年 3 月 28 日给文学前辈格利戈罗维奇的回信中，契诃夫如此说道。事实上，契诃夫的话并没有丝毫夸张，格利戈罗维奇给契诃夫带来的改变是至关重要的。契诃夫之所以能引起格利戈罗维奇的注意，是因为短篇小说《猎人》。

1884 年夏天，契诃夫从莫斯科大学医学系毕业后，开始了一边创作一边行医的生活。1885 年 5 月 18 日的《彼得堡报》发表了契诃夫的小说《猎人》。《猎人》与契诃夫以往的幽默小品有着较为明显的差别，他采用了情景交融的抒情笔法铺陈叙述，与当时早已名声赫赫的屠格涅夫风格类似。《猎人》的发表，使契诃夫在俄国文坛引起了前所未有的关注。当时已年逾花甲的文学大家格利戈罗维奇阅读了《猎人》，对契诃夫大为赞赏，并亲笔给籍籍无名的年轻后生契诃夫写了一封信，认为以他的才华，完全可以成为“俄国一流作家”。同时，慧眼识珠的作家还对这位年轻的文学天才提出了不留情面的批评：“要停止那种马拉松似的粗制滥造写东西。与其为了钱在几百篇小故事中分散精力，不如稍微饿饿肚子，然后集中精力写一些成熟和完善的作品。”格利戈罗维奇的批评一针见血，极其中肯。这封信给当时只顾眼前利益、沾沾自喜的契诃夫当头棒喝，令他迷途知返。

大学毕业不久的契诃夫，在得到德高望重的文学前辈的夸赞与鞭策后，对自己以往为了稿费而进行的写作进行了深刻反思。自此，他的写作明显地严肃起来，发表于1886年年初的《苦恼》，即是一个明显的例子。

《苦恼》写的是底层小人物的悲惨生活。一位名叫姚纳的老车夫，在儿子死后孤苦无依，仅仅想跟别人谈谈他刚死不久的儿子，排遣内心的痛苦，可三番五次的努力最终都化作泡影，无处倾诉的他只好把满腹心事向他的小马诉说。小说《苦恼》写得痛彻人心，而又意味深长，人与人之间的冷漠与隔阂无处不在。小说既写出了人生个体的孤苦困顿，更道出了社会境况的病态隔绝。

自《苦恼》开始，契诃夫开始专注小人物的内心世界，随后创作的《怕》《灯火》《信》《幸福》等短篇小说，对人内心深处的恐惧、无知、恻隐、幻想等情绪和思虑，进行了深刻的挖掘与完好的呈现。

擅长写短篇小说的契诃夫，积极尝试中篇小说创作，收获颇丰，其中成就与影响最大的当属《草原》。《草原》发表于圣彼得堡《北方公报》1888年第3期，作品甫一发表，便好评如潮。《草原》的故事情节并不复杂，以一个9岁小男孩在舅舅的陪同下穿越大草原去城里读书为线索，描摹了男孩所接触的人物及见识的草原美景。《草原》并不以一波三折的情节取胜，引人入胜之处在于对草原的景物描写，贯穿了人格化了的自然这一主题，使得这部作品旖旎多姿，精彩纷呈。《草原》充满浓郁的抒情意味，同时显示出契诃夫描绘自然景色的高超技艺。这篇小说受到了众多著名作家的肯定与赞扬，如谢德林、柯罗连科、迦尔洵等，甚至连作曲家柴可夫斯基也对它情有独钟，并因此关注到契诃夫，开启了两人载入史册的伟大友谊。

由于在文学上的天赋以及持之以恒的努力，契诃夫赢得了诸多文学前辈的认可，著名的文学奖项也开始向他招手。1888年10月7日，契

故居卧室

诃夫获得了当时在俄国颇有分量的“普希金奖”。奖项由国家科学院文学委员会颁发，旨在奖掖优秀的作家。获此大奖令契诃夫兴奋不已，同时也让他感到不安，他意识到自己的责任——文学家不应当是做糖果点心的，不应该是化妆美容的，也不仅仅是给人消愁解闷、打发时光的，应当更多地担负起关注社会的责任。震撼人心的中篇小说《第六病室》就是他反思后的产物。

《第六病室》发表于 1892 年 11 月，堪称契诃夫数百篇作品中色调最为阴暗的小说。在阴冷得让人窒息的氛围中，医生拉京去病室给精神病人格罗莫夫治病，他因同情病人的遭遇和处境而与之交谈。精神病人的话像梦呓，却又不无道理。医生拉京因为与格罗莫夫交往过密，最终也被别人看作发了疯，并被禁锢起来。这部深沉阴冷、震撼人心的小说，毫无疑问是契诃夫创作生涯中最富反抗精神的作品之一，它揭露了沙皇俄国像监狱一般阴森可怕的现实境况，“第六病室”因此也成了当时社会的一个缩影。在揭露社会黑暗的同时，小说不动声色地批判了托尔斯泰倡导的“勿以暴力抗恶”的主张。

1892 年不仅是契诃夫创作上的重要时间节点，在他的人生历程中，更是一个值得大书特书的年份。这一年的 2 月，契诃夫的妹妹玛丽娅替哥哥买下了美里霍沃庄园，购置这处庄园一共花费了 13000 卢布。3 月 4 日，契诃夫怀着欣喜的心情，住进了美里霍沃庄园。

在美里霍沃庄园居住期间，契诃夫一边行医，一边写作，还积极投身于乡村的公益事业，开办学校，下乡赈灾，募集资金修建疗养院。乡村生活经历丰富了契诃夫的创作素材，拓宽了他的创作视野，正是这些经历，促使契诃夫写下了一系列以乡村生活为题材的优秀作品，如以乡村小学女教师为表现对象的小说《在马车上》，以赈灾工作为生活体验的短篇小说《妻子》，以 1892 年农村饥荒为背景的小说《农民》等。

1898 年是契诃夫在美里霍沃庄园居住的最后一年。这一年的夏天，伴着乡间的瓜果芬芳，契诃夫创作出了小说三部曲——《套中人》《醋栗》《关于爱情》。三部作品中当数《套中人》艺术成就最高，影响最大，塑造了中学教师别里科夫这一经典的文学形象。即使在晴天也穿着雨鞋、带着雨伞出门，习惯于把一切日常用具都装在套子里，对任何的新鲜事

故居写作间

物都不敢尝试，对于他人的尝试也百般阻挠，“套中人”因此成为那些胆小怕事、因循守旧、害怕新事物人士的代名词。

尽管契诃夫创作精力旺盛，杰作频出，但他的健康状况并不乐观。刚刚大学毕业时，契诃夫就有过咯血的状况，此后几乎每年都会发生。身为医生的契诃夫尽管对自己的健康偶有担忧，但他否认患上了当时被视为绝症的肺结核。直到 1897 年 3 月的一天，契诃夫病情加重，大口大口地吐血，他的朋友赶紧将他送到莫斯科的奥斯特罗莫夫医院，契诃夫才不得不接受他患上肺结核这一可怕的事实。

这场大病之后，契诃夫终于认识到自身疾病的严重性，他接受了医生的建议，于 1898 年冬天移居温暖湿润的南部城市雅尔塔，莫斯科的冬季实在太冷了，身患重病的契诃夫已不适合居住在那里。从 1898 年冬天到 1904 年夏天离世，契诃夫一直居住在雅尔塔。离开美里霍沃后，由于健康原因，契诃夫的创作渐少。

即便重病缠身，契诃夫仍然没有放弃他钟爱的创作事业。在生命的最后几年，他忍受着肺结核的巨大折磨，毅然完成了一系列小说《新别墅》《牵小狗的女人》《在峡谷里》《主教》《未婚妻》等，以及剧本《三姐妹》《樱桃园》。

“海鸥”千回百转

作为一名出色的小说家，契诃夫天赋极高，在年轻之时便得到许多人望尘莫及的鲜花和掌声。然而，他并没有因为这些成绩而骄傲自满，故步自封。在小说写作的同时,契诃夫还一直致力于戏剧的发展与创新。然而，这条道路远比“小说之路”更艰难曲折，幸运的是，契诃夫依靠自己的才华和勤奋以及不屈不挠的精神，再次叩开成功之门，他在戏剧上的成就丝毫不亚于小说。契诃夫的戏剧不仅直接导致 19 世纪末俄国戏剧的转型，也对整个 20 世纪世界戏剧的走向产生了深远的影响。值得一提的是，戏剧不仅记录了契诃夫刻骨铭心的爱情，而且让契科夫寻觅到了自己的终身伴侣。

契诃夫的戏剧创作可以追溯到 1878 年，当时他尚未考上大学，创作的是一部无标题的多幕剧，后起名为《普拉东诺夫》，这只是少年契诃夫的一次戏剧创作尝试。

1886 年前后，在小说写作上如日中天的契诃夫，逐渐将一部分精力转向戏剧剧本。这一年，他创作了独幕剧《论烟草之危害》。1887 年 11 月，契诃夫为莫斯科科尔切剧院创作了剧本《伊凡诺夫》，该剧演出后引起了较大反响，同时招致了一些非议。契诃夫创作《伊凡诺夫》时就有着强烈的革新意识，他在努力创造一种新文体。在给哥哥亚历山大的信中，他将自己的意图表露得清清楚楚："我在结束每一幕时，像我写小说一样，开始都是缓慢地安静地推进，但到最后，我却给观众一记猛拳……我很高兴，因为即使我的剧本写得很糟糕，但是我创造了一种文学新式样。"①

契诃夫关于戏剧的革新尝试在《伊凡诺夫》中仅仅是小试牛刀，但在戏剧代表作《海鸥》中，就称得上是大刀阔斧了。

《海鸥》的剧本创作于 1895 年下半年，创作的最初冲动，很有可能与他的知己恋人米奇诺娃有关。米奇诺娃本是契诃夫妹妹玛丽娅的朋友，频繁的交往让她与契诃夫互生情愫，然而，契诃夫对米奇诺娃的态度却不明朗，他一方面很享受她的爱恋与陪伴，另一方面又害怕过于密切的交往尤其是结婚会限制自己的自由。面对契诃夫若即若离的态度，米奇诺娃选择自我放逐，她离开了契诃夫，与情人一起奔赴巴黎。然而，米奇诺娃并没有因为这次选择而得到命运的善待，怀孕之后惨遭情人抛弃。后来，她只得带着女儿回到俄国。不久，女儿夭折。契诃夫将米奇诺娃的不幸遭遇融入剧本中，纪念那场有始无终的爱情。

契诃夫以自己的恋人为原型创作了《海鸥》，同时，也正是因为这

① 科岱．契诃夫画传[M]．徐晓雁，译．北京：作家出版社，2010：116．

故居休息室

部剧，契诃夫邂逅了生命中另外一位重要的女人——后来成为他妻子的女演员克尼碧尔。1898年9月9日，契诃夫到莫斯科艺术剧院观看《海鸥》的排演，见到了主演之一克尼碧尔。几天后，在另外一部剧的排演现场，契诃夫和克尼碧尔再次相遇，两人互相倾慕，相谈甚欢。1899年的春天，契诃夫从雅尔塔回到莫斯科，他与克尼碧尔的恋情也真正开始了。两人一起参观画展，一起水上航行，两颗灵魂相互抚慰。1901年5月25日，契诃夫和克尼碧尔在莫斯科的一座教堂完婚。婚后的两人依旧甜蜜，只可惜契诃夫的健康状况每况愈下，不得不长年住在雅尔塔疗养，而克尼碧尔舍不得放下她在莫斯科艺术剧院心爱的演艺事业，夫妻俩聚少离多，忍受着相思之苦以及两地分居造成的诸多不便。契诃夫的情感经历，其实与剧本《海鸥》有着诸多相似之处。

《海鸥》完稿后，其命运一波三折。契诃夫最初将剧本送到莫斯科小剧院，想不到首席演员连斯基读完剧本后，毫不留情地评价契诃夫是“完全不是写剧本的人”。事实上，大作家托尔斯泰也这样认为，他觉得契诃夫写小说是个顶级高手，而在剧本方面则完全外行，劝他不要为此浪费太多精力。

契诃夫没有被他人的非议打击吓倒，他辗转找到圣彼得堡皇家剧院。剧院决定采用剧本《海鸥》，将之排练演出。然而，《海鸥》在1896年10月17日的首演，却在观众喝倒彩的哄笑声中惨败收场，女演员甚至不得不含泪跑回后台。而坐在包厢里看戏的契诃夫，在这可怕的笑声中走出剧院，他并没有看完演出，一个人在寒冷彻骨的街头徘徊。因为演出失利，《海鸥》在圣彼得堡皇家剧院仅仅上演8场就匆匆停演，黯淡收场。究其原因，导演和演员既没能理解《海鸥》剧中的人物，也未能把握好这部剧的整体情绪，更为糟糕的是，导演选用了一些喜剧演员演绎该剧，观众无形中先入为主，事实上，《海鸥》的思想内涵与喜剧恰恰相反。

《海鸥》首演的失败让契诃夫非常沮丧，他甚至打算放弃这个剧本，而小说家、剧作家兼戏剧教育家丹钦科独具慧眼，改变了《海鸥》的命运。从1896年到1898年，丹钦科连续三次给契诃夫写信，一方面分析阐述《海鸥》首演失败的原因，一方面恳请契诃夫答应由他以及与他共同筹建莫斯科艺术剧院的斯坦尼斯拉夫斯基来导演《海鸥》。契诃夫终于被丹钦科的诚挚打动了，他同意了丹钦科的建议和请求。

故居房间一隅

莫斯科艺术剧院排演的《海鸥》于1898年12月17日首演，这部剧从第一场开始，便收获了巨大的成功。彼时契诃夫正在雅尔塔养病，不在演出现场，群情激昂、兴奋不已的观众们要求立即给契诃夫发电报，表达他们的激动和赞赏。

《海鸥》获得了巨大的成功，正是这部剧奠定了莫斯科艺术剧院的基石。后来，一只展翅高翔的海鸥就成了莫斯科艺术剧院的院徽。正是因为《海鸥》的成功，造就了这家品位高蹈的剧院，也拯救了一位影响世界文坛的剧作家。

《海鸥》的成功再次激发了契诃夫对戏剧创作的热情，坚定了他对莫斯科艺术剧院的信任。1899 年 10 月 26 日，《万尼亚舅舅》在莫斯科艺术剧院首演，同样受到了大众的称赞与欢迎。1901 年 1 月 31 日，契诃夫刚刚完成不久的剧本《三姐妹》，也在莫斯科艺术剧院首演，再次引发轰动。1904 年 1 月 17 日，契诃夫的绝笔之作《樱桃园》首演，为观众带来了动人心弦的艺术感受。

《万尼亚舅舅》《三姐妹》《樱桃园》三部剧作，是契诃夫奉献给世人不可多得的艺术精品，其中《樱桃园》成了诸多学者、评论家眼中永不褪色的经典。在莫斯科艺术剧院，从 1898 年到 1998 年的 100 年间，仅《樱桃园》就上演了 1548 场，是演出场次最多的契诃夫剧作。

《樱桃园》讲述的是没落的贵族兄妹加耶夫、拉涅夫斯卡娅在社会变迁的大潮中被迫出卖祖传樱桃园的故事。加耶夫和拉涅夫斯卡娅兄妹出身于俄国贵族家庭，他们继承了祖传的樱桃园。哥哥加耶夫是个游手好闲、好吃懒做、缺乏生活能力的“败家子”，与俄国文学中常见的“多余人”形象一脉相承。由于不会经营，加耶夫不久便欠下了大笔债务，生活陷入困顿。妹妹拉涅夫斯卡娅尽管有美好的追求，但生性贪慕虚荣，沉溺于享受，不切实际地讲究“体面”。虽然她在品性上也有闪光点，但她与哥哥并没有本质的区别。“一方面，多愁善感，伤感怀旧；另一方面，由于过分地夸饰自己的情感世界，因而显得有些肤浅”[1]。兄妹俩虽然很想保住樱桃园，却没有任何主见和解决问题的能力，他们只愿沉

① 王加兴．俄罗斯文学经典的语言艺术[M]．北京：商务印书馆，2017：145.

浸在对过去生活的回忆中，面对现实时却无能为力。《樱桃园》一剧围绕着“樱桃园的易主与消失”这一过程，写出了俄国贵族退出历史舞台的必然趋势，以及新兴力量的逐渐崛起。剧作以细腻的笔触集中描写了19世纪末20世纪初俄国资本主义迅速发展，旧势力贵族庄园彻底没落的情景。剧中的樱桃园不仅是一座常见的贵族庄园，亦象征着易逝、美好、脆弱的东西。

君子和而不同

面对值得尊敬的师长，契诃夫彬彬有礼、谦和有加；面对无法容忍的丑恶，他怒目相向，拍案而起。契诃夫一生中与诸多文艺界大家、名家交往时，既做到了相互尊重，和而不同，又做到了笃信真理，仗义执言。

与契诃夫交往密切的既有赫赫有名的前辈大家、文学巨匠，如托尔斯泰、柴可夫斯基、格利戈罗维奇，也有同辈中的文艺同仁，如苏沃林、高尔基、蒲宁。无论是对前辈大家，还是对同辈友人，契诃夫都能以诚相待，以心相交。

在契诃夫心中，托尔斯泰一直以巍峨高山般的形象存在。在现实交往中，契诃夫对托尔斯泰无时无刻不在表达着尊敬与爱戴，然而，在艺术观念及创作中，契诃夫却有意识地表达对于托尔斯泰主义的反驳与修正。

契诃夫与托尔斯泰有过多次会面，而且书信交流频繁。1895年8月8日，契诃夫怀着朝圣般的心情，来到托尔斯泰的庄园。托尔斯泰对这位年轻人非常喜欢，并留他在家中畅谈，这拉开了两人密切交往的序幕。1897年3月，契诃夫因重病住院，托尔斯泰专程探望，这让契诃夫大为感动。尽管这次谈话两人关于“永生”的话题有理念上的论争，却丝毫不影响他们相互尊重与彼此信赖。此后，他们的会面渐渐频繁起来，有时在托尔斯泰的庄园，有时在莫斯科契诃夫家中，有时在雅尔

契诃夫手稿

塔的疗养地，他们互相关心对方的健康，共同交流文学创作和社会改良等话题。

尽管契诃夫将托尔斯泰视为导师，但具体到人生观念和创作理念上，却常有分歧。契诃夫的中篇小说《第六病室》直指当时俄国的黑暗与弊病，并呼吁人们尽力改变，这其实与托尔斯泰主义的精髓“勿以暴力抗恶”大相径庭。特别是针对契诃夫 1898 年创作出的小说《宝贝儿》，两人观点相左，各执一词。《宝贝儿》是托尔斯泰最喜欢的契诃夫的小说，托尔斯泰甚至多次给家人、朋友朗读这篇小说。《宝贝儿》以一个女人曲折的经历为线索，塑造她“老得爱一个人，不这样就不行”的奴性心理及人生经历。托尔斯泰之所以喜欢《宝贝儿》，是因为他被“宝贝儿”圣洁的爱所感动，而契诃夫想要表达的主题则是女人应当有自己独立的人格，不能甘当男人的附庸，是站在女性独立的基点上而作的。故而，当托尔斯泰当着作者的面极力夸赞“宝贝儿”的圣洁之爱时，契诃夫只能以沉默向这位“权威的读者”表示异议。

在与托尔斯泰的交往中，契诃夫秉持着晚辈应有的教养，并不失体面地保留着自身的人格尊严与独立。而在与同辈苏沃林、高尔基的交往中，契诃夫则毫无保留地展示出了大义凛然与不畏强权的一面。

苏沃林称得上是契诃夫的“贫贱之交”，他是俄国著名的出版商，同时是契诃夫众多作品的出版商。苏沃林执掌的《新时报》是契诃夫早期作品最为重要的发表阵地，两人在互惠互利的合作中结下了深厚的友谊。1891 年，契诃夫第一次去西欧旅游时就是与苏沃林结伴而行的，两人的关系可见一斑。然而，深厚的友谊却因与他们并没有直接关系的

“德雷福斯事件”而闹翻。“德雷福斯事件”是19世纪末轰动整个欧洲的公共事件：犹太人德雷福斯仅仅因为笔迹相似，就被法国军方以出卖军事情报的名义逮捕，并被判处终身囚禁，随后竟然发现真正出卖情报者另有其人，德雷福斯却因为当时的“反犹主义”等诸多因素，而没有得以平反昭雪。这一冤案引发了西欧各阶层的极大抗议，法国著名作家左拉于1898年1月13日为此事发表题为《我控诉》的公开信。很快，左拉因“诽谤罪”而受审。契诃夫支持左拉在德雷福斯案件里的正义行动，为其大声呼吁；而作为报刊掌门人的苏沃林，却为了自身利益，站在了正义的对立面。契诃夫为之非常愤怒，激烈地批驳了苏沃林的怯懦和无耻行径，两人自此决裂。

海鸥之屋

与苏沃林的决裂，展现了契诃夫仗义执言、打抱不平的正义精神，而在高尔基的“院士风波”中，契诃夫更是展现了在正义、真理面前的大无畏形象。为了心中的正义，契诃夫甚至不惜得罪沙皇当局。契诃夫与高尔基交往的时间并不长，直到1898年，两人才开始交往，但友谊深厚。两人相识后，经常一起研究戏剧和小说的发展，并尝试为俄国的戏剧发展开辟新的道路。1900年1月8日，契诃夫与托尔斯泰一起被选为俄罗斯皇家科学院名誉院士。1902年，为了抗议沙皇当局取消高尔基的科学院名誉院士资格，契诃夫和柯罗连科联合发表声明，主动放弃科学院名誉院士称号。在暴政当道、专制横行的俄国，契诃夫能够做此决定，不仅需要舍弃个人利益的无私精神，更需要决绝无畏的胆识和勇气。

契诃夫关心时局、投身社会实务的历程从未间断，支持左拉、声援高尔基都彰显了他的政治主张和人生信条。此前，他在美里霍沃所做的一系列社会公益活动，只身考察萨哈林岛并撰写大量的社会纪实性质的游记，以引起人们的关注，都是典型的例证。

1890 年，已身患肺病的契诃夫不顾亲友的劝阻，决意奔赴被视为“人间地狱”的萨哈林岛游历。当时，萨哈林岛是俄罗斯流放罪犯的苦役之地，是不祥和悲惨的象征，很多人避之唯恐不及，但是对于倾心关注社会的契诃夫，那里却是了解历史、考察社会以及感知人性的神圣之地。那时西伯利亚还没有修建铁路，想要跨越西伯利亚前往萨哈林岛，只能乘坐马车，在苦寒之地跋涉 4000 余公里。苦旅让契诃夫原本羸弱的身体受到了无情的摧残，这或许也正是他后来得重病乃至英年早逝的重要诱因。在萨哈林岛，契诃夫参观了监牢，和苦役犯、流浪汉交流，用卡片记录了数千名囚徒和移民的生活状况，甚至目睹了死亡和种种酷刑，心灵受到极大的震撼。“苦役犯和移民犯有罪行，惩办极其严酷……惩办使罪犯感到屈辱，使他更加残忍，道德更加沦落”①。结束了长达 8 个月的远东之行，《萨哈林旅行记》这部另契诃夫引以为自豪的作品，呈现在世人面前。萨哈林之行是契诃夫一生中的重大事件，对他此后的思想发展和文艺创作都产生了深远影响。这次艰苦卓绝的旅行，加深了契诃夫对社会政治和人生哲理的体悟，极大地丰富了他的生活经验，拓宽了艺术视野，为他后来的文学创作积累了素材，打下了深厚的实践基础。

① 契诃夫．萨哈林旅行记[M]．刁绍华，姜长斌，译．长沙：湖南人民出版社，2013：275．

结语

契诃夫用孜孜不倦的进取精神探索艺术，用炽烈浓郁的情感体味生活，用不畏艰险、迎难而上的精神探索小说和戏剧的领域。“要成为一个乐观主义者，而且能够了解人生，就得不要相信别人说的或写的东西，而要亲自去观察、体会”①。关于写作，契诃夫一直秉承着这样的观念。事实上，契诃夫的确用自己独有的眼光去观察世界，用与众不同的笔法去表现世界。无论是小说还是戏剧，契诃夫的作品均具有别开生面的创新价值，尤其是他对于文学“现代性”的发现与表达，不仅使其作品常读常新，贴合现代人的生存与心理状态，而且对于后代文学的影响意义深远。

在契诃夫的小说中，人与人之间几乎没有沟通与理解，精神世界的苦闷与混沌等，均是常见的表现主题。比如小说《苦恼》《决斗》《月光》《没意思的故事》《宝贝儿》等都饱含此类主题。“契诃夫对生活、对世界的彻底的冷酷的否定，在某个时刻真正地与现代主义文化相呼应了”②。契诃夫笔下的人物“都是些有问题的人物在寻求答案，而那些开放性问题的答案是悬而未决的……答案是模糊的，没有明确性，生活就是打破幻想，但最后却没有揭示出任何真相……真正的真相，没有人能知道”③。契诃夫此类作品的创作，对于后来者有很大的启发，此后的印象主义、解构主义、荒诞派等文艺思潮和流派，以及文学巨匠卡夫卡、加缪、萨特、米兰·昆德拉、雷蒙·卡佛、鲁迅、曼斯菲尔德……均受到契诃夫不同程度的影响。

与小说创作相比，契诃夫戏剧的现代性、开创性更为突出。无论是

---

① 契诃夫．契诃夫手记[M]．贾植芳，译．天津：百花文艺出版社，2012：32.

② 董晓．契诃夫戏剧的喜剧本质论[M]．北京：北京大学出版社，2016：220.

③ 科岱．契诃夫画传[M]．徐晓雁，译．北京：作家出版社，2010：146—147.

《海鸥》《万尼亚舅舅》《三姐妹》，还是《樱桃园》，契诃夫的戏剧作品都预见到20世纪人类所面临的种种幻想与现实的矛盾、人类的迷茫与困惑、人类寻求自我的本能，以及对人类存在的意义和出路问题的探索，尤其是探索无果而终的苦闷。“他（契诃夫）的戏剧的主题是什么呢？就是写19世纪末，俄国那种压抑、沉闷、悲愁的社会生活里面知识分子的面貌”[①]。契诃夫的戏剧创作因其“现代性”备受后人推崇，尤其是20世纪50年代前后，契诃夫的作品在西方更是风行一时。“从根本上讲，契诃夫这位崇尚写实风格的剧作家与荒诞派戏剧家之间并不存在本质上的差异”[②]。正是这些缘故，契诃夫被誉为现代戏剧的开山鼻祖。

1904年7月15日，在德国巴登维勒疗养的契诃夫，最终没能战胜病魔，在妻子克尼碧尔的陪伴下，安详地离开了世界，年仅44岁。

被誉为“世界短篇小说之王”的契诃夫，一生创作了近800篇小

故居外景

① 马彰铭，王志耕．19世纪俄国文学史讲稿[M]．上海：华东师范大学出版社，2013：147．
② 董晓．契诃夫戏剧的喜剧本质论[M]．北京：北京大学出版社，2016：221．

说（其中300余篇属严肃文学之列）、17个剧本。契诃夫的作品善于从日常生活中发现具有典型意义的人物和事件，将幽默可笑的情节进行艺术提炼，塑造出典型生动的人物形象，以此反映当时俄国社会现实。高尔基曾经这样评价契诃夫：“这是一个独特的巨大天才，是那些在文学史上和在社会情绪中构成时代的作家中的一个。”托尔斯泰也给予契诃夫极高的评价，称他是“无与伦比的艺术家”，甚至认为契诃夫的成就在自己之上：“我撇开一切虚伪的客套肯定地说，从技巧上讲，他，契诃夫，远比我更为高明！”巴金先生则称契诃夫的作品是“一个取之不尽、用之不竭的宝库”。茅盾先生对契诃夫的作品也非常欣赏，认为其具有高度集中概括的艺术表现能力……正如我国著名的契诃夫研究者、翻译家童道明先生所言：“契诃夫的作品是值得阅读的，它永远都不过时，也永远都在映照着人们的内心和精神世界。”契诃夫作品的力量和他本人人格的光辉早已成为人类文明的巨大财富，丰富着人们的精神世界，烛照着人生的漫漫征途，引人思索，给人启迪。

（撰稿：彭永强）

参考文献

董晓. 契诃夫戏剧的喜剧本质论 [M]. 北京：北京大学出版社，2016.

刘文飞，陈方. 俄国文学大花园 [M]. 武汉：湖北教育出版社，2007.

路雪莹. 契诃夫与美里霍沃庄园 [M]. 济南：山东友谊出版社，2007.

科岱. 契诃夫画传 [M]. 徐晓雁，译. 北京：作家出版社，2010.

马彰铭，王志耕. 19 世纪俄国文学史讲稿 [M]. 上海：华东师范大学出版社，2013.

契诃夫. 契诃夫手记 [M]. 贾植芳，译. 天津：百花文艺出版社，2012.

契诃夫. 萨哈林旅行记 [M]. 刁绍华，姜长斌，译. 长沙：湖南人民出版社，2013.

童道明. 契诃夫传 [M]. 北京：线装书局，2014.

王加兴. 俄罗斯文学经典的语言艺术 [M]. 北京：商务印书馆，2017.

汪民安. 现代性基本读本 [M]. 开封：河南大学出版社，2005.

罗 兰

古老的铜像静静地屹立着，锐利的眼神注视着前方，仿佛能穿透人心，看清人内心最本真的情感。在法国的中部，有一座名为克拉姆西的小镇。它坐落在运河岸边,串联着塞纳河和卢瓦河，像是一位智者默默奋斗规划着属于自己的人生轨迹，这便是伟大而又博爱的罗曼·罗兰的故乡。推开历史的画卷，沿着岁月的印记，循着生命斑驳的脉络迈进克拉姆西小镇。小镇位于巴黎东南约 200 公里，处于典型的丘陵地带，是法国中部尼埃弗省 4 个主要市镇之一。特殊的地理位置，使得小镇在商业、工业等领域并不突出，而林业和畜牧业是当地的主要产业。这里风景秀丽，景色宜人，处处是生命最原始的悸动，仿佛带人回到罗兰的童年，那满是银铃般欢声笑语的纯真时代。1866 年 1 月 19 日，罗兰在这里诞生，并在此度过了 14 年无忧无虑的童年时光。他怀着对未来的憧憬和对生命的好奇，慢慢地在岁月里留下别样的印记。

罗兰曾说："一个人生气蓬勃的时候绝不问为什么生活，只

罗曼·罗兰艺术与历史博物馆（法国克拉姆西）

是为生活而生活——为了生活是桩美妙的事而生活。”[①]在故乡的生活是罗兰一生中最轻松快乐的时光，他在作品中常常提及故乡醉人的风光，以及故乡所馈赠他的珍贵无比的童年时光。而今，小镇故居已成为“罗曼·罗兰历史与艺术博物馆”，展览着本地著名的画作、瓷器等，其中最引人注目的是“罗兰，故乡的骄子”展区。时光从不会辜负那些为了梦想而孜孜不倦的人，“骄子”是对罗兰的宠爱和赞赏。展区设在罗兰出生的房间，迈入房间的一瞬间，映入眼帘的是罗兰不同时期的著作和一本族谱，罗兰和他的家族在不同时期的传承和壮大着。

离开是为了更好的遇见，短暂的别离是为了成就更好的自己。15岁时，父亲为了让罗兰接受更好的教育，将他送至巴黎。57年后，罗兰回故乡买了一所房子久居，直至生命的尽头。罗兰逝世后，他的夫人玛丽·库达切娃将房屋和所有物品捐赠给巴黎大学。后来，居所被改建为“泽乌博物馆”。

① 罗兰．约翰·克利斯朵夫（上册）[M]．傅雷，译．南京：江苏人民出版社，2017：58．

博物馆展室

罗兰的一生是被人敬仰的，他用智慧谱写出人生的华美乐章。静静放置的诺贝尔文学奖奖章和证书，无声地诉说着属于罗兰的无上荣光。卧室和工作室被完好如初地保存下来。红丝绒沙发旁放着三副耳机，轻轻地拨动，罗兰那亲切而富有磁性的讲话声和优美的演奏声缓缓地流淌出来，仿佛他依旧坐在书桌旁静静地翻动书页，或是在钢琴边演奏美妙的乐曲。紧靠故居有一条以罗兰名字命名的街道，静静徜徉其中，唯恐惊动了岁月的痕迹。在柏赫威村公用墓园紧靠墙角的地方，一块大理石墓碑没有华丽的装饰，没有惊天动地的辞藻，只有罗兰夫妇的名字雕刻其上，岁月在它的身上留下了斑驳的痕迹，简单中彰显高尚的品格，平凡中蕴藏伟大的精神。罗兰安眠于故乡的怀抱，沉醉在故乡迷人的景色中。历史的车轮缓缓前行，罗兰的身影却在历史的洪流之中愈发高大，这就是他独特的魅力。

罗兰的音乐才能

罗兰的小说《约翰·克利斯朵夫》里有一句话：“音乐，你曾抚慰我痛苦的灵魂；音乐，你曾使我的心恢复宁静。”音乐与罗兰就像是并蒂莲相伴相生，相互依存。罗兰成长于一个知识分子家庭，母亲知识渊博，对音乐有着独特的感悟和追求，受母亲的熏陶和教导，罗兰幼时便与钢琴结下不解之缘。翻开美妙的乐谱，他充满深情地弹奏着钢琴曲，激情超越了地域、民族和时代的框架。他忘我地与贝多芬的音乐畅谈。罗兰遇见莎士比亚的作品后，他像是一位干渴的旅人，如饥似渴地畅饮着艺术的清泉，达到了忘我的境界。音乐巧妙地融合了他的精神世界与现实世界，创造了一个梦幻世界，像是涓涓溪流滋润干涸的土地，带给罗兰长久的幸福感。每当对生活和生命失去信心时，音乐的天籁之声便会燃起他心中的希望之灯。敏锐的音乐感知力深深地影响着罗兰，他的文学事业也由此受益颇丰。

1889 年夏天，23 岁的罗兰完成在巴黎高等师范学校的学业，辗转进入意大利罗马的法国考古学校成为一名研究生。在这里他的音乐才能得到充分展现，极高的音乐素养一度成为当时罗马城话题的焦点，备受罗马人的赞誉。甚至校长都认为罗兰是为音乐而生，鼓励他投身于音乐的学习和研究中。1892 年罗兰迈入婚姻的殿堂。妻子克洛蒂尔特是一位语言学教授的女儿，对音乐的共同热爱使爱情的花朵在彼此心间绽放，音乐成为婚姻中无形的纽带。罗兰的音乐天赋不仅表现在钢琴演奏，还彰显于他在音乐理论方面的深入分析和研究，他曾一度闻名于巴黎高等师范学校和巴黎大学，是出色的音乐史家和音乐评论家。罗兰的创作中有很大一部分与音乐有关，例如他的博士学位论文《现代歌剧之起源》，专著《贝多芬的伟大创作时代》《昔日音乐家》《现代音乐家》等。

1902 年，罗兰与妻子的婚姻走到尽头，与克洛蒂尔特的分离使他一度陷入苦恼和烦闷之中，是音乐陪伴着他走出人生的低谷，获得新生。“我避开巴黎。我来到我的童年伴侣贝多芬身边，寻求十天的静息之地。在生活的战斗中，贝多芬已经不止一次地给我支持。我来到他的故乡波恩。那儿，我找到他的影子和他的老朋友们……在美因兹我欣赏了他的几支交响曲……在雾气氤氲的莱茵河沿岸，在四月份潮润的日子里，我独自和贝多芬在一起，向他倾诉衷曲，我心中充满了他的痛苦、他的勇敢、他的悲哀和他的快乐。他那强有力的手，把跪在他面前的我扶起。这只手，也给我的新生婴儿《约翰・克利斯朵夫》行了洗礼……于是，我取道归返巴黎。我和生活签订一个新的契约，唱着大病初愈的人对神明的感恩之歌。这支歌，就是《贝多芬传》……”[①] 罗兰的一生，始终与音乐相伴，演绎了一曲感天动地的生命交响乐。

音乐对罗兰的馈赠不仅是美的享受和生命的鼓励，更包含对文学创作敏锐的分析力和独到的构思能力，文学与音乐水乳交融，达到了完美的融合。1915 年，罗兰的名字响彻文坛，他凭借《约翰・克利斯朵夫》荣获诺贝尔文学奖。小说独辟蹊径，实现了文学、音乐和历史的融合，获得“音乐史诗体小说”的美誉。据悉，小说的灵感源自罗兰散步时遇见的一个陌生男子，在他身上，罗兰看到了内心深处的英雄，于是诞生了贝多芬音乐与文学形象相结合的全新人物形象——克利斯朵夫。小说分为少年、反抗、悲歌、复旦四部分，与交响乐的四个乐章相辅相成，情节跌宕起伏，充满生命的律动感。“一切都是音乐，一切都在颤动，以至石头，整个宇宙是一曲巨大的、难得的音乐。”罗兰的笔墨无不欢腾着音乐的身影，充满着音乐的活泼、自由和浪漫。文本中更是对音乐大加赞美：“对一个天生的音乐家，一切都是音乐。只要是颤抖的、震荡的、跳动的东西，大太阳的夏天，刮风的夜里，流动的光，闪烁的星辰，雷雨，鸟语，虫鸣，树木的呜咽，可爱或可厌的人声，家里听惯的声响，咿咿呀呀的门，夜里在脉管里奔流的血——世界上一切都是音乐，只要去听就是了。”[②] 小说中，音乐播撒着欢乐的细雨，完成了与文学的交融，滋润读者的心田，使人如痴如醉。

---

① 罗兰．巨人三传[M]．傅雷，译．合肥：安徽文艺出版社，1989：40．
② 罗兰．约翰・克利斯朵夫（下册）[M]．傅雷，译．南京：江苏人民出版社，2017：28．

“伟大的心灵宛如高山风暴冲击它们，乌云缠绕它们，可是在那儿，呼吸却比别处更加强有力——空气在那儿有种纯净，能让心灵去掉污迹。”[①]19 世纪末 20 世纪初，资本主义国家开始向帝国主义阶段过渡，整个社会笼罩在一片阴霾之下，法西斯实力空前强大，新思想不断繁衍和传播，工人阶级反抗活动兴起，颓废文学渐渐成为追捧的对象。面对这样的社会现状，历经两次世界大战的罗兰痛心疾首，他感触于民众的苦难，认为整个社会的风貌会透过著名人士的生命历程揭示出来。著名人士身上所散发的精神仿佛树的根脉深深地扎根于土地，枝繁叶茂勇敢地伸展在天地间，散发着勃勃生机，彰显着生命的原动力和最初色彩。罗兰决定要把那些深藏于内心最深处的英雄书写给所有人，让更多的人学会欣赏生命的馈赠和雨后的彩虹。他希冀通过对“英

博物馆展室

① 罗兰．巨人三传[M]．傅雷，译．合肥：安徽文艺出版社，1989：83.

雄”人物的刻画和描写，推动社会的进步和发展，为每个失落的灵魂寻回生命的希望，让所有人“呼吸英雄的气息”，重燃对生活的信心和希望。这时，罗兰的创作进入一个崭新的阶段，他创作了《圣路易》《阿埃特》等历史剧，还创作了《贝多芬传》《米开朗琪罗传》《托尔斯泰传》等名人传记，随后合为出版，即今天闻名世界的《名人传》。罗兰用手中的如椽巨笔详尽叙述了内心3位英雄坎坷而荣光一生，读者得以跟着他的笔墨去经历、体验、感悟、升华。英雄的苦难经历为生命增添了一抹色彩，不屈不挠的精神和高尚的品格成为生命的永恒。

博物馆内书橱

“周围的空气令人压抑，19世纪末20世纪初的欧洲处在闷热和污浊的气氛中。功利主义压抑着思想，世界在精明的待价而沽的自私自利中衰弱下去。世界简直透不过气来。让我们打开窗户吧！把自由的空气放进来吧，让我们感受英雄们的气息吧。”《贝多芬传》开篇便直抒胸臆地传达出对英雄的呼唤。《名人传》写于1903年，正值罗兰37岁，婚姻的破碎、剧作的无人赏识、困难重重的生活和工作使他陷入失意的旋涡无法自拔。罗兰把所有的不顺心诉诸笔端，希冀透过文本创作慰藉自己失落的灵魂和所有被生活困扰的人，从而绽放生命的活力，勇敢地拨开前路的荆棘，做一个无愧于天地的人。这时，罗兰从贝多芬身上汲取信仰的力量。贝多芬的一生饱受困苦和痼疾的折磨，却又充满了不屈的抗争和至死不渝的反抗。贝多芬23岁时，离开家乡投入梦寐以求的维也纳的怀抱，度过了一生中最美好的光阴；近30岁时，听力渐渐丧失，药石无医；晚年曾一度陷入贫困、饥寒交迫的境地，每天为生计而发愁。罗兰在贝多芬的身上看到了“命运”二字的奥秘，感悟到撼天动地的气魄与精神。罗兰仿佛看见自己心目中的英雄，勇敢地与命运抗争，以磅礴的气势讴歌自由和快乐，歌唱那颗“伟大不屈的内心”。罗兰坚信时代需要这样的英雄，他毫不犹豫地开始对贝多芬的描写。“在心灵的天地中有着节奏和旋律，这就是我的思想致力于达到的图景。”①诚如罗兰所言，英雄人物的一生是一曲跌宕起伏的交响乐，展现了一个不屈灵魂崇高的追求。

伟大的战士

《名人传》的序言写道：“唯有真实的苦难，才能驱除罗曼蒂克的幻想和苦难；唯有看到克服苦难的壮烈的悲剧，才能帮助我们担受残酷的命运；唯有抱着‘我不入地狱谁入地狱’的精神，才能挽救一个萎靡而自私的民族。”②1914 年 7 月，第一次世界大战爆发，人心惶惶，罗兰心急如焚，匆匆回到住处奋笔疾书：“这是一年中最晴朗的一天……在这样温柔的良辰美景中，欧洲各国人民开始互相残杀。”这就是著名的《战时日记》的开篇。反对战争、维护和平是罗兰一生的追求和坚守。由于自己的整个青年时期都葬送在法德战争的混乱中，他对战争深有体会和感慨，不希望热血青年把青春浪费在无意义的争斗中，于是他勇敢地站了出来，扛起反对战争的旗帜。在此背景下，罗兰的首篇政论文《超乎混战之上》应运而生，1914 年 9 月 15 日发表于《日内瓦报》，引起轰动。社会对于论文中结束战争、成立最高道德法庭防止战争的观点，议论纷纷，法国和德国人对此进行了谴责和质疑，当然其中不乏拥护者。第一

① 罗兰．约翰·克利斯朵夫（下册）[M]．傅雷，译．南京：江苏人民出版社，2017：66．
② 罗兰．巨人三传[M]．傅雷，译．合肥：安徽文艺出版社，1989：1．

次世界大战结束后，罗兰和妹妹住在瑞士的一个小镇，生活简单而温馨，但他平静的外表下却始终忧心着世界的和平，期待人民奋起抗争不公的社会现实，反对无休止的战争。1919 年，罗兰撰写《精神独立宣言》，号召广大人民团结一致，挫败帝国主义的阴谋诡计。1926 年，罗兰被选为国际反法西斯委员会名誉主席。

生于资本主义国家的罗兰，公开宣扬社会主义的主张并投身于对社会主义的追求中，这是一次对过往的告别，更是一次新生。1931 年和 1934 年，他接连书写具有总结意义的文章——《向过去告别 》《全景》，阐述自己对甘地“非暴力主义”的见解以及如何实现新的发展问题。此外，罗兰与苏联之间有着深厚的密切关系，早前，他与高尔基虽然未能谋面，却坚持了20年的书信交流。1936年，69岁的罗兰接受高尔基的热情邀请，毅然前往苏联进行访问。其间，罗兰受到苏联人民的热情款待，与斯大林两次会见。罗兰深深地憎恶民族压迫，并对其进行了深入的分析和探究，留下了《甘地传》《拉马克里希那传》《维弗加南达传》等著作，对中国等国家正在遭受的战争也表达了深切的同情，并陷入了深深的思考。1938 年，罗兰再婚 4 年后，他携妻子玛丽・库达切娃离开瑞士返回故乡克拉姆西，买了一所房子定居下来。这时的他已病魔缠身，每天闭门蛰居，但依然以一名战士的身份要求自己，一边忧心社会的未来，一边坚持创作，以期对社会的发展尽绵薄之力。

1944 年巴黎解放，同年 11 月，78 岁的罗兰拖着病痛的身躯奔赴巴黎参加苏联大使馆庆祝十月革命的纪念活动。12 月 30 日，伟大的战士罗曼・罗兰永久地离开了我们，为他辉煌的一生画上了铿锵的句点。如同他日记中所记：“永远要表现人类的团结，不论它是用多少数不清的形式出现，这应当是艺术的首要目标。”[①] 罗兰的一生都奔走在谋求社

① 罗兰. 罗曼（Romain Rolland）・罗兰回忆录[M]. 金铿然，骆雪涓，译. 杭州：浙江文艺出版社，1984：38.

会进步和人民幸福的道路上，他用手中的笔作武器，展示了他不屈不挠的生命姿态。他是为正义挺身而出、倾尽全力的伟人，他的思想烙印在人民的心中。他用犀利的笔触揭发了光明之下寄生的罪恶，为我们规划了一个光明灿烂的未来，他是希望，是永恒的引领者和指导者。

人道主义思想

“你不只是在欧洲，同时在印度、摩洛哥和美洲等地也被人们敬爱，你是被作为一位诗人、导师和勇敢与不屈不挠的榜样被敬爱着。”1915年，罗兰摘得诺贝尔文学奖，高尔基在《论罗曼·罗兰》一文中对其进行了高度赞扬。罗兰是一位坦率而真诚的创作者，他把真实的自己毫无遮掩地袒露在世人面前。他用全部的精力致力于创作，向世人传播人道主义观念，呼唤和平与善良。“与许多伟大的文学巨匠和思想家一样，罗曼·罗兰及其精神酝酿生成于当代世界优秀文化的交汇点，在他的周围都站立着许多思想精英。罗曼·罗兰与他们以独特的方式交往，彼此影响，并在‘纵’‘横’交错的思想网络中成长起来。”[①] 罗兰的创作不是简单地再现故事情节或人物性格，而是囊括了多重思想主题，随着他的构思读下去便会被惊喜所震撼。

博物馆所藏图书

18世纪启蒙运动在欧洲如火如荼，1789年法国发表了《人权与公民权利宣言》，乌

① 刘蜀贝．比较文学视野中的罗曼·罗兰[J]．晋阳学刊，2005（2）．

罗兰铜像

托邦的思想潮流在整个社会掀起波澜，卢梭充满诗意的民主思想更是随波而起。罗兰正是在这样的社会大环境下，一步步地受到启发和熏陶，人道主义的思想悄然在心间生根发芽，蓬勃发展。罗兰认为，呼吁自由、平等与博爱是永久不变的定理和真谛。青年时期，他希冀透过作品把呼吁付诸实践，内心涌动着革命的理想和抱负，始终以自由、平等、博爱作为前行的目标。进入中年，罗兰内心怀有的激情和抱负没有一丝减退，反而越发坚定，他的人道主义思想已经枝繁叶茂，不再局限于法国或欧洲这一方小小的天地，而是把枝丫伸向了无边的苍穹，蔓延至整个世界。

个人意识和个人自由在罗兰的一生中得到了完美诠释。他坚信神灵存在于每个人的内心，个人意识便是它浓缩的存在形式，对爱和真诚的主观向往构成了个人意识的内核。在此思想的指引下，罗兰内心的人道主义思想和个人思想不断碰撞，慢慢融合，不断联结。罗兰的个人主义思想和为一己私利不达目的不罢休的利欲熏心是截然不同的。在文学艺术方面，罗兰坚决地站在唯美主义的对立面，他认为那是一种供人精神满足的主观奢侈品。他坚信真正的个人主义应该以促进人类泛爱的形式存在，不断为整个人类的未来而奋斗，这也成为罗兰乌托邦式大同思想的重要组成部分。在罗兰的思想体系中，真和善建构了美，它们是爱的客观反映和神灵精神的寄托。所以，罗兰的作品中几乎没有提到“美”，更多的是代之以“真”和“善”等字眼。罗兰主张艺术追求的是更深层次的内涵和表现，不能用简单的技巧和单纯的形式美感来定义，在创作的整个过程中，作者应该用“真”为作品注入灵魂，以“爱”为作品建构骨架，只有这样，作品才可以迸发出无限的感染力。这一观点完美地渗透在他的创作中，在回忆录《内心旅程》中，他详尽地阐述了自己的见解："对于天生是音乐家的我来说，毕生的努力在于将生命各种相反的因素以及他们的规律，组成嘹亮的综合曲调。有两条原则：（一）真理……对自己要真诚；除开自己认为真诚的东西之外，不多说一个字，该说的也不少说一个字……（二）爱，人类爱；爱……共同的欢乐，共同的痛苦……同情的规律。我把这股奔腾的流水，合并在同一条河床里：爱与真理的合流。"①罗兰的人道主义属于资产阶级人道主义的范畴，其出发点是号召人民实现泛爱和追求光明，他的人道主义对资产阶级思想形成了一定程度的冲击。尽管也伴有一定的消极因素，但在罗兰一生的奋斗和反抗生涯中，这种人道主义的信仰一直伴随并影响着他，使其思想不断升华。

欧洲良知

历史从未遗忘罗兰，他像一个永恒的雕像驻足在人们内心最深处，任凭风吹雨打，英姿不减。

罗兰是一位伟大的思想家，他坚守真理，日复一日地宣扬和完善着自己的思想体系。他坚信艺术家可以凭借才能为社会贡献力量，但必须坚持思想的自由，不能局限在僵化的模式中，在精神上也要保持完全的独立。真理绝对不能仅停留在字里行间，只有付诸实际的行动，才能探索出来，获得人民的认同，成为真实的信仰。而认为真正的思想家不应是演说家，而是实干家，要通过自己的创作号召和启发人民，为美好的未来贡献力量。

罗兰认为，每个人的生活都是一首伟大的交响曲。客观存在的现实社会和主观信仰相互融合，祖国的未来寄托在每一个民众身上，他

---

① 罗兰．内心旅程：浮生一梦[M]．金铿然，骆雪涓，译．上海：上海远东出版社，1997：40．

博物馆外景

们不是国家的匆匆过客，而是永久的拥护者，建造美好而幸福的祖国是每个人义不容辞的责任和义务。待到强大繁盛的国家建成，便可以有效地防止纷争和战乱，世界的自由精神将得到最好的发展。罗兰奔波在人类和平的道路上，感受到战争带给社会的灾难和人民的创伤，热切地呼吁人道主义。在战争年代，当许多作家迷失在战乱的炮火中时，罗兰却始终勇敢地站立着，痛斥战争，竭尽全力地呼吁团结和光明，以英雄的风姿铸就一座永恒的丰碑。他的每一滴热血都挥洒在为理想信念而至死不渝奋斗的道路上。尽管前路满是荆棘，罗兰却始终未曾停下坚定的脚步，纵使被失望笼罩，仍一次次地鼓起勇气，显示出倡导者的精神和勇敢追求人道主义的风姿。

罗兰是诺贝尔文学奖项的获得者，是享誉世界的音乐评论家，他用人道主义思想呼吁自由、民主和希望。他不仅是作家、诗人、艺术家，还是一种精神，他属于全世界，是当之无愧的文学巨匠。

（撰稿：王远芹）

参考文献

茨威格（Stefan Zweig）. 昨天的世界——一个欧洲人的回忆录 [M]. 徐友敬，等译. 合肥：安徽文艺出版社，2000.

段圣玉. 罗曼·罗兰《托尔斯泰传》艺术特色评析 [J]. 枣庄师专学报，2001（3）.

范传新. 力·莱茵河·三重奏——论《约翰·克利斯朵夫》的象征意蕴 [J]. 国外文学，1996（1）.

姜超. 罗曼·罗兰的思想和《约翰·克利斯朵夫》的主题 [J]. 齐鲁学刊，1986（2）.

刘再生. 中国近代音乐史简述 [M]. 北京：人民音乐出版社，2009.

柳鸣九. 罗曼·罗兰与《约翰·克利斯朵夫》的评价问题 [J]. 社会科学战线，1993（1）.

卢卡契. 审美特性 [M]. 北京：中国社会科学出版社，1986.

罗大冈. 论罗曼·罗兰 [M]. 上海：上海人民出版社，1984.

罗兰（Romain Rolland）. 爱与死的搏斗 [M]. 李健吾，译. 北京：文化生活出版社，1950.

罗兰（Romain Rolland）. 罗曼·罗兰革命剧选 [M]. 齐放，老笃，译. 北京：人民文学出版社，1958.

罗兰（Romain Rolland）. 罗曼·罗兰回忆录 [M]. 金铿然，骆雪涓，译. 杭州：浙江文艺出版社，1984.

罗兰. 巨人三传 [M]. 傅雷，译. 合肥：安徽文艺出版社，1989.

罗兰. 罗曼·罗兰与梅森葆书信录 [M]. 孙梁，译. 北京：国际文化出版公司，1996.

罗兰. 内心旅程：浮生一梦 [M]. 金铿然，骆雪涓，译. 上海：上海远东出版社，1997.

罗兰. 罗曼·罗兰自传 [M]. 钱林森，译. 南京：江苏文艺出版社，2001.

罗兰. 死和变：罗曼·罗兰读书随笔 [M]. 郑克鲁，译. 北京：金城出版社，2011.

罗兰. 音乐的故事 [M]. 代红，译. 南京：江苏文艺出版社，2011.

罗兰. 约翰·克利斯朵夫（上下册）[M]. 傅雷，译. 南京：江苏人民出版社，2017.

罗兰. 罗曼·罗兰音乐笔记 [M]. 梦洁冰，译. 北京：研究出版社，2017.

莫蒂列娃. 罗曼·罗兰的创作 [M]. 卢龙，等译. 上海：上海译文出版社，1989.

迈耶尔. 音乐美学若干问题 [M]. 姚锦新，蓝玉崧，译. 北京：人民音乐出版社，1984.

许金生. 克利斯朵夫：真诚的追求真善美的人 [J]. 外国文学研究，1981（2）.

杨晓明. 罗曼·罗兰：欣悦的灵魂 [M]. 成都：四川人民出版社，2000.

杨玉珍.《约翰·克利斯朵夫》深广的文化内涵 [J]. 吉首大学学报（社会科学版），1996（4）.

紫志英. 一个生命中浸透了贝多芬精神的人 [J]. 解放军艺术学院学报，2005（1）.

高尔基

在俄罗斯东欧平原中部辽阔的土地上，一望无际的高寒森林掩映着一座美丽的城市，被誉为绿色海洋上的明珠。它就是俄罗斯的首都——莫斯科。如今的莫斯科，当年红场阅兵式的口号声犹在耳畔，饱经战火摧残的克里姆林宫依然矗立，圣瓦西里大教堂依然记录着先圣的胜利。这是俄罗斯的心脏城市，散发着俄罗斯民族骁勇善战的英武之气。而沿莫斯科河上溯，伏尔加河旁的下诺夫哥罗德，这个曾更名为“高尔基城”的地方，则显得静谧安详。伏尔加河河边勤劳的纤夫，是民族热情善良、乐观活泼的代表。伏尔加河及其支流连接起这两座性情完全不同的城市，勇敢与勤劳的交汇，塑造了一位伟大的作家——高尔基。高尔基的性格与一生的创作，都深深地被故土影响。故土塑造了他鲜明的创作风格，成就了他卓越的文学成就，使他成为文坛上不朽的丰碑。

沿着莫斯科的卡恰洛夫街一路走过去，就来到了高尔基的晚年故居。在这座灰白色的两层小楼门口有一块牌子，上面写道：“玛克西姆·高尔基于 1931 年至 1936 年曾居住于此。”高尔基晚

高尔基故居（俄罗斯莫斯科）

年从意大利返回祖国后，一生中的最后 5 年就在这座小楼里度过。在他的工作间里，大大的书桌上散落着几张高尔基未写完的手稿。就是在这张书桌旁，高尔基每天持续工作，写出了 25 部作品。在他的晚年作品中，《耶戈尔·布雷乔夫等人》等一系列剧本，体现出资本主义与社会主义的激烈交锋；长篇小说《克里姆·萨姆金的一生》以一位知识分子为主人公，展现了十月革命前俄国 40 年的社会变迁，勾勒出一幅壮阔的革命图景……高尔基用手中的笔，描绘了俄国自由美丽的未来。这座小楼当时被誉为“作家俱乐部”“国家出版社”“海外文化交流中心”，络绎不绝的作家名流上门拜访，只为聆听高尔基的思想。今天，高尔基的故居已成为高尔基纪念馆，不断地有世界各地的文学爱好者专程赶来，怀着崇敬的心情参观大师的故居，感受他过往生活的点点滴滴。高尔基的藏书、眼镜甚至茶具，无不浸染着他善良、睿智、坚强的品质。在宽敞的房间内，仿若能听到高尔基铿锵有力的话语：“我们的目的是要鼓舞青年热爱生活，对生活满怀信心，我们要在人们身上培养英雄主义精神。必须使每一个人明白：他是世界的创造者和主人，他对地球上的一切不幸负有责任，而争取生活中的一切美好事物的荣誉，也都是属于他的。”面对黑暗压抑的俄国，高尔基正是秉着这种信念，将革命的热情诉诸笔端，用强有力的号召，唤醒人们追求更完美的生活。“人”在他看来是最具有行动力的主体，所有的旧制度由人推翻，新世界由人建立，自由生活是人的行动目的,身心幸福是人的终极目标。正是这样一种以“人”为中心的人道主义精神，促使他打破黑暗的旧世界，揭露丑恶的资本主义弊病，为新的自由的社会奔走呼号。托尔斯泰在《高擎起艺术的火炬——在红场高尔基追悼会上的讲话》中谈起高尔基对当时苏联思想界的影响时，深情地讲道："在那腐败的、貌似坚固的资产阶级生活里打开了一个缺口，所有那些有着活人的心的人就都向着这个缺口冲去。”正是高尔基，为人民打开了一扇天窗，让自由的空气进入底层人民被长期压迫的生活。

梅花鹿是高尔基的故乡下诺夫哥罗德市的象征，在市徽和市旗上都绘有鹿的图案，象征着高贵、纯洁、智慧和正义。城市的很多角落，都有高尔基的标签与痕迹。这座港口城市辽阔宽广的水域，给予高尔基博大包容的胸怀、善良慈悲的目光与坚定有力的笔锋。被伏尔加河默默滋养的勤劳的人民，在清晨薄雾升腾的伏尔加河上，用宽阔有力的肩膀，拉起了下诺夫哥罗德的朝阳。这些充满着力与美的身影，时常出现在高尔基的作品中。无论是迷茫的底层人民、无产阶级战斗者，或是徘徊不前的知识分子，在高尔基笔下，都拥有俄罗斯民族善良热忱的性格，拥有伏尔加河生生不息的生命力，也拥有民族顽强不屈的反抗意识。高尔基的笔触，一直聚焦在这些真正的“人”身上，他以人道主义文学为终生事业,将生命投入到写作中。他为迷惘的底层人民敲响了觉醒的警钟，为无产阶级的建设者唱响热情的颂歌,帮助知识分子逃脱集权者的牢笼，记录下在当时俄国这片广袤辽阔却苦难深重的大地上发生过的所有惊天动地的大事，用毕生心血为母亲俄国描绘出独属于她的风情画。

今天，站在莫斯科这座灰色小楼里的书架前，望着曾属于高尔基的书籍，仿佛看到小高尔基与外祖母在温暖的炉火旁促膝长谈，他们善良与智慧的影子在墙上轻快地跳动。在伏尔加河畔，在古老的街道上，高尔基带给我们的激情与感动，扑面而来。

毅然觉醒

在高尔基童年居住的小木屋前，有一座高尔基少年时期的雕像，与俄罗斯其他地方的高尔基雕像颇为不同。少年高尔基在风中宛若重生。他打着赤脚，仿佛行走在伏尔加河广袤的河滩上，微风吹起他卷曲的头发，如同展翅欲飞的海燕。少年左手持书，深邃的目光坚定地望着前方。那灼灼的目光透露着他的睿智和坚毅。高尔基的自传体中篇小说《童年》，记录了以作家本人为原型的阿廖沙 4 岁至 11 岁的童年生活。高尔基度过了艰难清苦的童年，初尝世情冷暖。在这里，外祖母的善良真诚，镌刻在他幼小的生命里，贯穿了他奋斗的一生；在这里，年轻的高尔基在黑暗的现实中，毅然走上觉醒与抗争的道路。

1868 年 3 月 28 日深夜，阿列克谢·马克西莫维奇·彼什科夫出生在俄国下诺夫哥罗德市一个木工家庭，他就是后来的文学巨匠高尔基。然而迎接这个婴儿的将是一连串的苦难。高尔基 4 岁时父亲早逝，之后，年幼的高尔基被母亲送至外祖父家，在外祖父的小木屋中度过了童年。外祖父年轻时是纤夫，并不注重对外孙的文化教育，因此高尔基仅上过两年半小学。虽然没有接受过系统教育，但高尔基被外祖母乐观、善良、真诚的性格深深地感染着，对他未来的文学创作理念产生了深刻的影响。谁也未能想到，这个微微驼背、时而沉默又时而淘气的蓝眼睛少年，会成长为一只勇敢的海燕，在暴风雨肆虐的俄国，由如一道划破长空的闪电，不断地抵抗着腐坏的社会，刺破黑暗带来光明。

几年后，忧郁的母亲离他而去。外祖父家境日渐衰落，外祖父与外祖母之间的嫌隙也越来越大。11 岁时，高尔基就像《童年》中的主人公阿廖沙一样，开始到“人间”独立谋生。这时的他，已不再是家境尚可的小少爷，他被迫穿梭于街巷之中，尝试着不同的学徒职业，与形形色色的人打交道，见证了底层生活中的种种善与恶。然而，即使在艰难的底层生活中，他仍然一有机会就阅读书籍，这使他积累了大量的知识与经验。波折的人生经历和长期的读书生活开阔了高尔基的视野，他决心“要做一个坚强的人，不要为环境所屈服”。他怀着这样的坚定信念，离开家乡奔赴喀山。

然而好景不长，命运的另一个惊雷再次无情地打击了他——与他相依为命的外祖母去世了。多年来，在底层混乱、肮脏、卑鄙的环境中，高尔基仍然保持着积极高尚的品格，这不仅和他的广泛阅读形成的宽广见识有关，更重要的是外祖母曾经给予他的源源不断的温暖。由于父亲早逝，母亲沉默忧郁，童年的高尔基缺失了很多来自父母的关爱。幸运的是，他得到了外祖母的呵护。在面对命运的摧残与社会的不公时，外祖母总是耐心地宽慰、劝解、关怀着高尔基。正如高尔基自己所说：“外祖母来之前，我好像一直在黑暗中昏睡着，她的出现，唤醒了我，把我带进一片光明，使我周围杂乱的一切串成一根连续不断的线，编织成了一条多姿多彩的花边，她一下子就成了我终身的朋友，成了我最知心、最善解人意的、最珍贵的亲人——正是她对世界无限的爱意丰富了我的心灵，是她赐予我勇敢战胜生活中的艰难困苦和无穷力量。”[①] 然而，开朗善良的外祖母却离开了他。从此之后，高尔基在人间无依

故居正门

① 高尔基．童年[M]．袁顺芝，刘永红，译．武汉：长江文艺出版社，1998：9．

无靠，无人牵挂。在这样黑暗的生活中，他依然刻苦自学，漫游在俄国的社会“大学”中。大量的阅读和丰富的社会经历，让他获得了广博的知识，激发了改变环境的雄心壮志。

故居内楼梯

青年高尔基在历经苦难之后，一腔热血地投身革命活动。他用笔作为武器，探索改造社会的途径。1892 年，一个名为“马克西姆·高尔基”的作家在《高加索日报》发表了小说《马卡尔·楚德拉》。在俄语里，“高尔基”的意思是“痛苦”，“马克西姆”的意思是“最大的”。从此，高尔基就以“最大的痛苦”作为笔名，开始了漫长的创作之路。高尔基的早期作品展现出现实与浪漫相融合的风格。《鹰之歌》是高尔基早期典型的浪漫主义代表作，他在其中展现了追求光明、争取自由以及坚韧的英雄主义情怀；《契尔卡什》《沦落的人们》等现实主义作品，则用细腻的笔触反映了人民在艰难生活中的美好品德，体现出反抗与战斗的激情。高尔基早期作品中的人物大多是思考生活意义、改造生活现实、内心不乏冲突与矛盾的形象。高尔基在人间尝尽苦难，窥见了理想与现实的背离、追求真理的失败。终于，在文坛上崭露头角的高尔基迅速成长为信念坚定、情感丰富、倔强而又执着的战斗者。这位年轻人，从苦难中成长，在黑暗中觉醒，用热情支撑理想，以青春燃烧革命。自此，这只名为“马克西姆·高尔基”的“海燕”，担负起人生“最大的苦难”，用翅膀划破黑暗，毅然决然地走上用笔战斗的生命之路。

昂然斗争

青少年时期在底层的遭遇，让高尔基体验到人民的苦难、社会的黑暗与沙皇统治的腐朽。他在作品中表现出对封建统治深深的厌恶，抨击了沙皇统治的落后，讨伐了资本家对人民的无度剥削。高尔基的作品针砭时弊、切中痛点，受到读者的欢迎，但同时也引起沙皇政府的警惕与恐惧，想尽办法干预他的写作，甚至监禁他。镇压反而更加坚定了他斗争的意志和决心，高尔基在不断地战斗与创作中，逐渐成长为一名勇敢的斗士。

1901 年，欧洲爆发的工业危机很快蔓延到俄国，许多企业倒闭，被开除的工人有 10 万人以上。人民群众再也无法忍受沙皇政府的专制统治，反抗情绪高涨，革命运动一触即发。然而，沙皇政府对群众运动实行了血腥的镇压。就在革命者与封建专制统治者斗智斗勇之时，高尔基在 1901 年从下诺夫哥罗德来到了圣彼得堡。在这期间，他参加了圣彼得堡学生的示威游行，感受到人民革命运动的热情。在目睹了沙皇政府镇压学生运动的残暴罪行后，高尔基胸中燃烧着的不仅是对沙皇政府愤恨的怒火，还有无限的革命热情。他饱含着革命运动的高涨热情，写就了气势磅礴的“幻想曲”——《春天的旋律》。这部短篇小说的结尾部分，就是脍炙人口的散文诗《海燕》。“在苍茫的大海上，狂风卷集着乌云”①。在沙皇黑暗的统治下，一场人民获取新生的革命一触即发，在沙俄统治的阴云与海浪之间，海燕犹如一道“黑色的闪电”，犹如一只“暴风雨的精灵”，在恶劣的环境中高昂着头，发出了“让暴风雨来得更猛烈些吧”的疾呼。这句激荡人心的革命宣言，震动着腐朽的统治，吹响了自由的号角，鼓舞着人们重新审视苦难的生活，站起来去反抗，团

① 徐云浩．世间最美的诗文[M]．北京：中国商业出版社，2013：160.

结起来进行战斗。这声呼号，展现了革命者英勇献身的大无畏精神，振奋人心，催人奋进。在给契诃夫的信中，高尔基用热烈的词句表现出青年的激情：“确确实实，需要英雄主义的时代已经来到了。‘希望’是不像生活，而高于生活，比生活更美好的东西。”这只海燕是高尔基从胸中迸发出的对人民群众的革命召唤，是高尔基开始反抗斗争，以笔做枪的前奏。

20世纪初的俄国，人民运动日益壮大，民主革命一触即发。高尔基在俄国的大街小巷游走，目睹了人民的生活百态，对底层人民的苦难极其怜悯，同时对其愚昧与麻木痛心疾首。这时，他的创作开始转向戏剧。高尔基在代表剧作《底层》中，写出了对流浪汉的世界近20年的观察与体悟。某城市的下等旅店里住着小偷、妓女、手艺匠、曾经的演员、落魄的贵族、潦倒的知识分子，他们或头脑敏捷，或勤劳能干，或感情丰富。他们本该享有更好的生活，却失去了基本的生存条件，丧失了人的尊严。他们或沉浸在对往事的回忆里，或陶醉在虚无缥缈的爱情之中，或寄希望于奇迹的出现，思想麻木消极无为。在作品的最后，希望做一个改过自新的人的小偷遭到了监禁，梦想治好病、重返舞台的演员上吊自杀，手脚勤快的手艺匠被迫卖掉谋生工具……连他们聊以自慰的希望也均告破灭。严酷的现实已经把下层人民逼到了无路可走的境地。高尔基在《底层》中展现了普通人消极的精神状态，批判了虚伪的人道主义，再现了严酷的社会现实。高尔基的目的是引导人寻找改变现状的真正出路，他通过作品指出中下层人民幻想破灭的现实——一味幻想不仅不能给劳动者带来真正的生机，更会造成精神上的麻木与颓败。

青年高尔基的心中有一团熊熊燃烧的烈火，照亮人民追寻自由的道路。笔下激烈的批判并不能使他完全满足，于是高尔基投入了轰轰烈烈的革命运动，以一位战士的身份与反革命力量展开针锋相对的斗争，他的住宅也成了1905年莫斯科武装起义的据点之一。他曾以第三方的视角撰写人民讨伐沙俄政府的请愿传单，为社会民主工党的党报创办而积极奔走，为战士们多方筹措革命经费与战斗武器。1905年，高尔基与列宁结识，世界观产生了极大改变，革命信仰更加深植于心。高尔基经列宁介绍加入布尔什维克党，之后专注于塑造更多振奋人心的英雄形象，创作比生活更高、更好、更美的作品。

1906年，社会主义文学的奠基之作《母亲》问世，标志着高尔基达到了创作生涯的另一个高峰。1906年3月初，高尔基按照布尔什维克党的决定，到国外为党筹集经费，同时利用他的影响寻求国际民主力量的支持。高尔基代表布尔什维克党发出的为俄国借款的请求被美国拒绝。不仅如此，他在美国的生活与创作，遭到了美国资产阶级的干扰和阻挠，甚至被逐出旅馆，但他依然在“资本主义世界的心脏”中勇敢地战斗。高尔基在对美国这个资本主义制度的典型代表国家进行了实地观察和体验后，塑造出《母亲》中无产阶级革命者的经典英雄形象。《母亲》塑造了文学领域第一批为社会主义而斗争的工农英雄人物，是社会主义现实主义文学的典范作品。列宁肯定了它的现实意义，并称高尔基为“无产阶级艺术最杰出的代表”。《母亲》取材于诺夫戈罗德附近的索尔莫夫镇在1902年发生的“五一游行”的历史背景。在游行时，领导

故居大厅

故居一隅

人扎洛莫夫被逮捕并被流放，他的母亲安娜则冒着生命危险继续儿子的事业。在与安娜的交谈中，高尔基被她坚定的革命必胜的信念所打动，由此塑造了《母亲》的主人公原型。在《母亲》中，高尔基冷静分析了农村的革命形势，敏锐地觉察到农民的觉醒，赞颂了在社会主义政党领导下的城市工人运动的先进性，反映了革命运动者用理论积极武装头脑，革命从自发到自觉的过程，此书被公认为世界文学史上崭新的、社会主义现实主义的奠基作品。小说在俄国广泛传播之前，已在美国被删减了很多，甚至还被当局收缴。即使是以残缺不全的面目流传，也仍像火一样在人们心中产生了巨大的革命热能。列宁称《母亲》是一本非常及时的书，很多工人会参加革命运动，他们读一读《母亲》，对自己有很大益处。

高尔基犹如一团火，明亮灼灼，又如一块煤，不断燃烧着自我，义无反顾地投入到为人民自由而写作的事业之中。

异国怀乡

除描写底层人民的遭遇，19 世纪末 20 世纪初，高尔基从莱蒙托夫、屠格涅夫、陀思妥耶夫斯基等文学巨匠那里，接过了探索民族性格的重任，完成了从对社会不良现象批判到民族性格深究的转变。丘特切夫有诗云 ：“理智无法理解俄罗斯，普通的尺度无法对之衡量，它具有特殊的性格——唯一适用于俄罗斯的只有信仰。” 1906 年，高尔基从俄国来到意大利那不勒斯海湾休养。在异国他乡，他一直关心着俄国的现实，注视着祖国的发展变化。1913 年底，他回到阔别多年的俄国 ；1921 年秋，他再度迁往意大利。两次迁居意大利期间完成的 6 大系列作品，记录了高尔基对俄罗斯民族文化心理的基本特征及其与历史发展之间内在联系的思考，成为他创作中期重大转折的标志。

高尔基的“奥库罗夫三部曲”中篇《奥库罗夫镇》、长篇《马特维 · 科热米亚金的一生》和未完成的《崇高的爱》，以动荡的 1905 年为背景，将关注点放在“小市民习气”上，详尽描写小市民的精神状态与文化习惯，精准地指出“奥库罗夫习气”是俄罗斯民族性格中的重大缺陷，是人民精神改造的重点。高尔基的“自传体三部曲”《童年》《在人间》《我的大学》，除记录他早年底层生活的遭遇外，更反映了俄国底层的社会生活。在《罗斯记游》《俄罗斯童话》《日记片段》《1922—1924 年短篇小说集》4 部短篇中，高尔基将俄罗斯民族性格与俄国历史进行了综合分析。这些作品在整体上呼应，在细节中勾连，宛如一曲错落有致的俄国风情交响乐，更如一卷缓缓展开的俄国民俗画卷。这 4 部短篇，文字明白晓畅、灵动自然，情感沉郁顿挫，节奏一唱三叹，充满了独属于俄国社会的浓烈风情，字里行间随处可见高尔基对祖国的赞颂与深沉的思考，更凸显着高尔基极强的社会责任感与深沉的爱国情怀。

高加索地区起伏的山脉、西伯利亚的极寒风光、东欧平原伏尔加河的汹涌、俄罗斯的美丽在高尔基笔下绽放，与其一起绽放的还有俄罗斯民族热情活泼、直率善良的美好品质。在高尔基童年时，外祖母经常给他讲述俄罗斯的童话故事，在他幼小的心灵播下了美好的种子。高尔基后来回忆道："我的头脑里充满了外祖母的童话，就像蜂房里充满甜蜜一样"。《俄罗斯童话》中回响着大自然的声音。高尔基从祖国独特的地理风貌与气候特点出发，描写了大自然内在的美和秘密，表现了祖国大自然的温柔与宽阔、包容与坚韧。《俄罗斯童话》虽名为童话但其现实意义深远，远远超越于普通童话，其读者也并非仅限于儿童。虽然高尔基对社会进行过激烈的批判，但他仍然认为俄国的人民热情奔放、善良乐观，充满着希望与梦想。这样具有蓬勃朝气的人民，具有诸多值得颂扬的优良品质，正是这些品质，支撑着这个民族走过一次又一次的黑暗，迎向光明的未来。

爱之深，责之切。高尔基除赞颂人民之外，在一些作品中，也细致地剖析俄罗斯民族性格的劣根性，挖掘国家的深层问题。在小说《马特维·科热米亚金的一生》中，高尔基以19世纪与20世纪之交的俄国社会为背景，展现了一部分小市民们冷漠自私、唯利是图，揭露了沙俄统

故居卧室

治的腐朽与丑恶。在书中，高尔基开始思考民族劣根性与社会发展现状的关系，探讨政府专制。无论在当时的俄国还是在中国，这部《马特维·科热米亚金的一生》都受到了极高的评价，人们称赞它是“一部精彩的小说”，“一部县城的社会哲学史”，“具有重大意义”，“帮助了无产阶级的政治斗争”，“作者可以以此书引为自豪”……就连高尔基本人也津津乐道自己昔日描写的奥库罗夫镇的风土人情。“自传体三部曲”以阿廖沙的视角，透视了当时的社会各地各阶层的生活图景。《童年》叙述了阿廖沙在外祖父家目睹的底层人民的生活状况；《在人间》的主人公亲身体会到底层人民生活的艰难与辛苦，社会的黑暗与腐坏；《我的大学》记录了主人公从一个迷茫青年到战斗者的成长轨迹。三部曲中，高尔基以阿廖沙的眼光观察形形色色的社会人物，展现了沙俄统治下的黑暗社会，全景式地扫描了当时的俄国社会的民风民俗，体现了高尔基对民族性格的思考和探索。

高尔基对俄罗斯民族性格的优秀部分进行了肯定和赞扬，也对民族劣根性进行了毫不留情地揭露与批判。在政论《不合时宜的思想》中，高尔基说：“当我批评人民的无政府主义倾向、不热爱劳动以及它的各式各样的野蛮无知的时候，我没有忘记，它不可能是另一种样子。应当惊奇的倒是，在所有这些条件下，人民仍然在自己身上保留着不少人类的情感和一部分健全理性。”

在国外游历期间，高尔基将乡愁转化为深沉的思索，期盼着能用文字改变民族文化，推动民族性格朝着积极的方向发展。高尔基思考着，探索着，指引人民走出民族劣根性的荆棘丛，开辟一条提升民族精神的新道路。他认为只有这样，才能达到全民自觉改造社会的目的，改变俄国现状的理想才能实现。

人道勋章

高尔基以笔为武器，鞭挞腐朽的社会制度对人性的摧残。严峻的革命形势震动着他的神经，在波诡云谲的时代，高尔基用实际行动帮助他人，孜孜不倦地奔走在设身处地为“人”奉献的道路上。

在列宁时代，高尔基给予过各种各样的人以无私的帮助。在艰难的革命岁月，他坚持保护“理智的力量”，为拯救艺术家和作家而奔走，为存留俄罗斯民族文化作出了巨大的贡献。1917 年，俄国作家罗扎诺夫与家人在严冬陷入缺衣少食的困境，迫不得已给高尔基写信道：“请救救我，让我摆脱最后的绝望状态吧。住宅里没有生火，也没有劈柴；女儿们的眼睛正盯着冰冷的茶炊旁那最后一块方糖；妻子半瘫在床，目光暗淡地看着我……我正在死去，正在死去，正在死去……”[①]高尔基很快送钱送物，帮助绝望的作家度过困境。在那个行动比发言艰难得多的时代，高尔基并未安坐象牙塔，他为了保护当时苏联的艺术家、文学家而四处奔走。作家楚科夫斯基的女儿曾感慨地说：“我从童年时代起就习惯性地知道，如果一位作家那里发生了什么不幸，那就应当找高尔基请求保护”。

除了保护这些强大的头脑与珍贵的良心，高尔基对同行的推崇与宽容，更彰显了他广阔的胸襟。巴别尔的作品《骑兵军》发表后，统治者对此颇有微词，高尔基仍赞扬巴别尔有“惊人的才华”，称这部作品是“最为出色的短篇小说”。对于那些对他口诛笔伐的作家们，高尔基的冷静与宽容更是伟大。他从未以“导师”地位打压后辈，而是用一位过来人的姿态，理性地在文字间找寻作家美好的一面，检索其才华的印记。布宁不断公开诋毁高尔基，高尔基却对布宁的创作推崇备至；诗人吉皮乌斯多次对高尔基进行批评，高尔基却在自己的传记中收录这些“不和谐”的内容。诚然，高尔基的高尚行为并不会一直被误解，有人给予了他公正客观的评价。1933 年诺贝尔文学奖评选时，在高尔基、梅列日科夫斯基和布宁 3 位候选人中，诗人茨维塔耶娃力推高尔基。当布宁获奖，茨维塔耶娃写道：“高尔基远远高于布宁，比他更伟大，更人道，更具有独创性，更加不可

① 巴辛斯基．另一个高尔基[M]．余一中，王加兴，译．南京：译林出版社，2012：589．

故居餐厅

缺少。高尔基是一个时代，而布宁则是一个时代的终结。”

高尔基虽然遭到无数非难与指责，但他依然无怨无悔地为人民奔走，为他们的困苦生活提供力所能及的帮助。高尔基帮助过的人不计其数，这些人困苦失意的生活时刻牵动着高尔基的心。至于这些人为他带来的是利益还是伤害，他并不在乎，他只是将每个人作为一个真正的“人”去关怀，希望他们都能拥有温暖美好的生活。他把全人类美好的愿望作为自己奋斗的指南，不辞劳苦地工作，为一个没有暴力和压迫的新世界而努力着。然而，在艰难生活和孱弱身体的双重压迫下，高尔基心有余而力不足，儿子的突然逝世更让他心力交瘁。最终，这位伟大的作家于1936年6月18日在莫斯科逝世，永远地离开了他深爱的国家与人民。高尔基的突然离世，对苏联人民来说，不仅意味着失去了一位可亲的朋友、可敬的作家，更重要的是失去了一种激烈反抗的力量，失去了在黑暗中难得的温暖庇护。恰如英国思想家以赛亚·伯林所说：“高尔基的逝世使当时的知识分子失去了他们唯一强有力的保护者，同时也失去了与早先相对比较自由的革命艺术传统的最后一丝联系。”

烛照世界

高尔基不仅是无产阶级作家，还是伟大的革命活动家，也是卓越的无产阶级文艺理论家。他的一些重要的文艺理论观点，影响了中国很多作家的创作，直至今天，仍闪烁着真理的光辉。他写下了大量的文艺论文和针对中国有关问题的通讯，为中国及其他社会主义国家的文学创作带来了深远的影响。他对中国人民的关怀以及对中国无产阶级革命的高度关注，使他成为中国人民的老朋友、好伙伴。他的人道主义精神旗帜至今依然飘扬在中国文坛的上空，他的人道主义种子依旧扎根在中国人民心中。

高尔基提出，要想同时实现社会的改革与思想的变革，必须提高人的文化素养。他从人的本身出发，心中装着人民，在同情人民疾苦的同时，孜孜不倦地探索着“人”之为人的人道主义。托尔斯泰在获知了高尔基的生活经历后曾不无感慨地说：“您本来会成为一个憎恨一切的人，但非常奇怪的是，您最终却成了一位善良的人。”在“人间”和“底层”长时间的经历和思索，让高尔基在其创作初期就已形成了这样一种世界观：人是世界上最珍贵的东西，因为人具有不断趋向善良和完美的可能，而人之向善的前提和最终目的，在于知识和文化。这是一种纯净、积极的人道主义，也是高尔基作为知识分子所提出的“以文化人”的人道主义。

高尔基曾用过的物品

散文诗《人》是高尔基的一部纲领性作品。他笔下“大写的人”在诗中发出深切诚恳的自白：“总有一天，我的感情世界同我那不朽的思想将在我胸中汇合成一股伟大的创造性的火焰，我要用这股火焰烧掉灵魂中一切黑暗、残暴和邪恶的东西，我将同我的思想所创造出来和正在创造的那些神祇并驾齐驱！”“一切在于人，一切为了人！”高尔基在最初使用“大写的人”这一概念时，并不清楚这个“人”究竟是谁，后来，他在列宁以及布尔什维克身上，终于看到这种具有创造精神的具体的人。高尔基对于十月革命后新现实的肯定，首先在于人的解放，在于对人的缺陷的克服、潜能的发挥和创造力的彰显。一个时代，一个社会，如果能让人变得幸福起来，那么，这个时代和社会就应该是合理的，是值得肯定的。而高尔基所亲历的，正是“新人”的诞生和成长，这是他肯定并进而赞美新现实的主要依据，这也成为他后期创作中最重要的主题。文学是“人学”这一流传甚广的命题，充分地说明了高尔基的人道主义在其基本文学观中的渗透和体现。他的文学首先是写人的，却不仅仅是关于某一类人的，它面对的是普遍的人，是“大写的人”。其次，文学是人的创造，艺术是人的一部分，文艺创作是人性的主要体现形式之一，可以把文学家称为职业的爱人者和人道主义的生产者。最后，文学是让人完美、高尚的重要途径之一，离开文学和艺术，人与其他动物、生物的距离就不遥远了。高尔基纯熟地运用民族的语言，描绘下层人民的苦难生活，运用诗歌、小说和戏剧等体裁，忠实地记录俄罗斯民族的性格特质与精神风貌，肯定了人的个性特点、生活体验与价值追求。这些创作活动都与高尔基积极的大众化文学观是一致的。他说，文学的任务是使人变得高尚起来，认为民间文化总要渗透着一个信念——人与人之间的斗争会削弱甚至破坏人类集体的能力。他还大力称颂俄国作家，认为他们有着泪珠一样晶莹、星星一般灿烂的童心。

1916 年，高尔基在为自己的《1905—1916 年文集》所写的序言中写道：“我 25 年来的工作，其意义可以归结为一个热切的希望：唤醒人们对于生活的积极态度。”在给契诃夫的信中，高尔基提道：“真的，需要英雄人物的时代已经到来了：大家都希望有令人鼓舞的东西、开朗明快的东西，您知道，希望有不是酷似生活，而是比生活更高、更好、更美的东西。”动荡的时代，需要彻底的革命，革命又在呼唤着挺身而出的英雄。这就是后来体现在《母亲》中的英雄主义精神，同时也是后来被称为社会主义现实主义的创作理念。1932 年，高尔基在《关于一次辩论》一文中说：“苏联的普通一日正在向全世界高声歌唱你们阶级的宏伟的、英雄的、有才能的工作，歌唱阶级的集体英雄主义所产生的英雄的人。这种宏伟的工作，这种英雄的人，都还没有在文学里得到反映，在文学里还没有找到应有的形象。”高尔基在加入布尔什维克党后与列宁结为好友，并深受唯物辩证法的影响。他说：“最重要的不是现时似乎坚固，但已经开始衰亡的东西，而是正在产生、正在发展的东西，哪怕它现时还不坚固，因为在辩证方法看来，只有正在产生、正在发展的东西，才是不可战胜的。”作为一名伟大的无产阶级革命作家，高尔基深通革命的辩证法，用文学的语言阐释哲学的真理。他明确说道：“我们必须同那个‘旧的真实’即‘正在衰亡的真实’做斗争，但我们更需要关心和重视那个作为目标摆在我们面前和由我们摆在整个劳动世界面前的真实。这就是我们的真实，应该注意它。”这样的社会主义现实主义，融合了历史的视野、现实的描写、艺术的真实与教育改造思想，通过高尔基的再创造，成为为人民发言的文学新形式，影响了苏联整整几代的无产阶级的文学创作，同样影响了中国文坛。

高行健、高晓声、张贤亮、梁晓声、舒婷等作家，有的直言高尔基作品对自己创作的震撼，有的则在自身创作中显现出与高尔基相近的文学倾向与特点。这都体现了高尔基社会主义现实主义的创作理念对近代中国文坛的影响。1932 年，鲁迅、茅盾等人联署了名为《高尔基的 40 年创作生活——我们的庆祝》的纪念文章，文中写道：“中国的革命的文学界，庆祝高尔基的斗争，庆祝高尔基 40 周年的创作生活，同时，也就表示我们为着真正的文化革命的斗争的决心。我们承认高尔基是我们的导师，我们要向高尔基学习，我们要为中国几万万的劳动群众的文化生活而斗争。”在中国革命此起彼伏的背景下，高尔基始终心向人民

故居内画像

的文学创作原则，正是当时中国作家所需要学习的。高尔基作品的大量译介，促进了中国普罗文学[1]的发展。这种文学形式，以表现工农大众劳动生活与思想变迁为主，清醒理智又不失激情地反映现实，集中表现中国人的命运浮沉。高尔基的文学理念，同样影响着茅盾、瞿秋白等作家的创作理念，他们与高尔基一样，为着更美好的明天而呼号。茅盾在阅读高尔基的作品后，明确地宣布了自己的文学主张：新文学要表现人生、指导人生。茅盾还对高尔基的文学作品的现实性无比推崇，他曾提出："为了创造我们自己的新文艺，较好地宣传鼓吹一日千里发展的新思想，应该将高尔基的小说《从前是人》和戏剧《底层》作为最先翻译介绍的作品。"而高尔基作品中生生不息的生命力被茅盾赞颂为"无论如何，高尔基的价值总与天地长存的了"。

1934 年 9 月 2 日，高尔基在报纸上发表《致中国革命作家们的信》，他说："我们的武器，是语言；我们的责任，就是要在思想上更好地锻炼自己，把我们的语言磨炼得更加锋利，并且把我们的武器注入全世界无产阶级的心灵中去和嘴里面去。中国的同志们，谨向你们致以热烈的布尔什维克的敬礼。"

晚年的高尔基，仍然挺立着高贵的头颅，为争取全人类的自由而勇

① "普罗"是法语普罗列塔利亚的简称，普罗文学意为无产阶级的文学。

敢地斗争，为此他愿意挥动着不再有力的翅膀，冲进暴风雨中，为胜利的狂想做第一个序章。他的作品里、行动中处处体现着人道主义光辉，至今仍然烛照着世界，为人们展现光明和美好的未来。

指引未来

1936年6月18日，高尔基在他深爱的莫斯科病逝。在他病重之时，仍在进行着史诗型长篇小说《克里姆·萨姆金的一生》的创作。他在小说中回忆着，包括自己在内的知识分子的一生，抒写着他们的彷徨、忧伤与动摇，用他手中的笔，为当时苏联的文人们记录“知识分子的安魂曲”。这位人民的朋友、无产阶级的导师，生前被戴上了无数桂冠，也受到过无谓的指责与非议，然而他从未忘却追求自由，为自由和光明的未来燃烧了自己的一生。1968年，高尔基100周年诞辰之际，各界名流在苏联举行了盛大的纪念活动。苏联著名作家尤特里丰洛夫说：“高尔基是一座森林，那里面有走兽，也有飞禽，还有野果和蘑菇。而我们从这座森林里只采了蘑菇。”高尔基的一生经历丰富，以至于我们无法用简单的语言概括他的一生。列宁曾邀请他做客，甚至斯大林都抬着他的棺椁为他送行，而底层的流浪汉也是他的朋友。鲁迅在读过高尔基著作《童年》之后曾说：“高尔基是‘底层’的代表者，是无产阶级作家；他的一身，就是大众的一体，喜怒哀乐，无不相通。”高尔基的作品，有“带洁癖的对恶的厌恶”的犀利严苛，对旧文人阶层的疏离和批判的自觉，也有对民族精神鞭辟入里的思考本能。他的所有见闻、体验、愤怒、欢欣，都打着人民生活的烙印，他的思想、精神以至于影响，都鲜明地代表着人民热情、坚韧、乐观的优秀品质。他的一生，是人民追寻美好生活的缩影；他的作品，就是人民争取光明与自由的恢宏史诗。

无论是下诺夫哥罗德的那个赤脚少年，还是莫斯科文化公园里的大胡子男人，抑或莫斯科卡恰洛夫街6号伏案工作的老人，高尔基的眼神始终坚定地望着前方，他一直反思到最后一刻，奉献到最后一刻，更是

纪念馆外景

战斗到最后一刻。他的觉醒，带来了俄罗斯民族的觉醒；他的热情，点燃了全世界的斗志；他的批判，使整个国家社会为之战栗；他的人道主义行为，拯救了一大批作家于危急；他卷帙浩繁的长篇巨作，为各国社会主义现实文学的发展带来了新的光芒。

伏尔加河依然静静流淌，用她甘甜的乳汁哺育着善良勇敢的人民，高加索地区的乌拉尔山脉仍然屹立，在极寒之地成为天然屏障，一切都看似恒久未变。然而，高尔基伟大的人道主义精神和热情的斗争决心，早已为人民揭开蒙昧的面纱，将幸福光明的种子播撒在了全世界人民心中。他与其他的斗士一起，带领着人民将信念付诸行动，改变了整个世界。高尔基坚定灼灼的目光仍然指引着我们前进的方向，他温暖有力的大手，在天地之间高执着真理的明灯。

（撰稿：宋敏）

参考文献

巴辛斯基. 另一个高尔基 [M]. 余一中，王加兴，译. 南京: 译林出版社，2012.

高尔基. 俄罗斯的童话 [M]. 鲁迅，译. 上海：文化生活出版社，1950.

高尔基. 底层 [M]. 李健吾，译. 上海：上海新文艺出版社，1957.

高尔基. 童年 [M]. 袁顺芝，刘永红，译. 武汉：长江文艺出版社，1998.

高尔基. 高尔基文集（13）[M]. 巴金，译. 北京：人民文学出版社，2015.

高尔基. 不合时宜的思想 [M]. 苏昀晗，译. 南京：江苏凤凰文艺出版社，2015.

陆人豪. 回眸：俄苏文学论集 [M]. 苏州：苏州大学出版社，2010.

汪介之. 俄罗斯命运的回声：高尔基的思想与艺术探索 [M]. 北京：人民文学出版社，2012.

汪介之. 高尔基：把心交给读者的伟大作家 [J]. 中国教育报，2016.

徐新民. 文艺译文集 [M]. 长沙：湖南大学出版社，2011.

徐云浩. 世间最美的诗文 [M]. 北京：中国商业出版社，2013.

茨威格

在奥地利萨尔茨堡幽静的托钵僧山上，如果你沿着一条崎岖的山路行走，会发现一座遗世独立的亮黄色住宅。住宅的主人在闲暇时登上宽阔的露台，目之所及是清新的田野风光；打开院子的大门便可以直接漫步于繁茂幽静的树林。在这静谧的甚至有点与世隔绝的地方，曾经居住着一位奥地利作家——斯蒂芬·茨威格。1919 年 4 月 29 日，茨威格和第一任妻子弗利德里克搬进这座小楼。此前茨威格一直过着自由漂泊的生活。爆发于 1914 年的第一次世界大战使他备受颠沛流离之苦，无比渴望寻到一处静谧处所可以安静生活、潜心创作。在萨尔茨堡，他找到了。在这里，茨威格度过了较为安宁的 15 年，他的创作也进入到一生中最为辉煌的时期，许多传世名作都是在这里写就的。这座小楼，曾经接待过历史上许多国家的著名人物，如德国音乐家理查·施特劳斯、法国作家罗曼·罗兰、丹麦批评家勃兰兑斯，这些伟大正直的人曾在这里聚首，又匆匆散去，小楼被亲切地称为“欧洲别墅”。如今看来，它像是联系和凝聚这些欧洲知识分子的纽带。在这里，没有隔阂，没有猜忌，只有关于文学与艺术的探讨和惺惺相惜。

茨威格故居（奥地利萨尔茨堡）

如今，这座房子早已更换了主人，但是每一位怀念和了解茨威格的游客途经这里时，都会思绪万千，感慨不已。紧闭的窗户中似乎又飘出了那些伟大人物热烈的讨论声，罗曼·罗兰似乎又走上潮湿的台阶亲切地和茨威格的小女儿苏色打着招呼，茨威格夫妇脸上带着笑容为朋友们忙碌着。晚上，小楼的窗户里透出和煦的灯光，在父母送给茨威格的钢琴上，理查德·施特劳斯上下翻飞着灵活的手指奏响优美的曲调。天气晴朗时，茨威格在露台上写作，脚边还躺着那只名叫罗尔夫的牧羊犬……战争摧毁了这一切，在托钵僧山的这所住宅被希特勒当局抄没后，茨威格再也没有地方可以安放他的心灵。

茨威格留下了泽被后世的文学作品。他的作品体裁广泛，小说、剧本、传记、诗歌、散文都是他耕耘的田地。他精湛的技艺、对艺术一丝不苟的态度，仍激励和引导千万文学创作者。至今他的作品遍布在世界各地的图书馆、书店，那些温情的故事仍然如涓涓细流一般滋润着读者的心灵。他人道主义的情怀、纯洁的理想主义具有跨越时空的温度，温暖着人们的心灵。他身上那份对真理的追求，使他在战争迷雾中保持了知识分子独立思考的精神，他对和平和理想的呼唤，不断激励警醒着后人。这位生前已享盛名的作家，正如这座托钵僧山上的住宅一样深藏山林，只愿静静品味文学馈赠于他的甜蜜。

维也纳之子

1881 年 11 月 28 日，茨威格出生于维也纳，诚如学者杨荣所言“没有维也纳，就没有茨威格”①。哈布斯堡王朝时期被称为欧洲文化中心的维也纳，对茨威格的一生产生了极为深远的影响。当时的奥匈帝国，虽然早已涌动着阶级矛盾和民族矛盾，但举国上下仍然沉醉于晚霞般的祥和繁荣之中。但这位一生都秉持理想主义、和平主义的作家，没能在这宁静的地方度过一生。

维也纳是一座充满文化与艺术气息的城市。公元 5 世纪，罗马人就将这里作为保护拉丁文化的城堡。海顿、莫扎特、贝多芬、舒伯特、李斯特、肖邦、约翰·施特劳斯，音乐家使这座城市星光熠熠。清晨的街上，市民们闲聊着皇宫剧院将要上演的戏剧；傍晚的街头小店里，青年们热烈地讨论文学艺术。茨威格的家就坐落于宫廷剧院附近，在马路上行走，可能会遇到自己痴迷已久的作曲家、诗人，浸润于这种环境中的茨威格从小就培养了对文学与艺术的热爱。但当时的教育制度日益僵化，年老的国王在政治、经济上只求能够维持和平与稳定。教师像是发布命令的上级，书本上的知识仅仅是考试的材料，课堂气氛死气沉沉，令人窒息。这样的教学环境根本不能满足茨威格和同学们的求知欲望，他们更加自觉独立地保持在文学与艺术上的兴趣。中学时茨威格和同学们就偷偷阅读各种书籍，沉醉于里尔克美丽的诗句里，为尼采惊世骇俗的观点所震撼。他们遨游在现代派作品的海洋中，激烈地讨论，不倦地阅读。茨威

① 杨荣．斯·茨威格的“维也纳情结”[J]．中州学刊，2002（4）．

格崇拜天才诗人霍夫曼斯塔尔，并渴望自己也能像他一样成为驰骋文坛的少年君王，为此他废寝忘食地汲取着文学营养。功夫不负有心人，16岁那年，茨威格在柏林《社交界》杂志上发表诗歌。随之而来的是一些报纸杂志的约稿，这极大地鼓舞了茨威格，他开始试着创作小说。高中毕业升入维也纳大学的茨威格目标十分清晰："大学也就给了我想要从它那里得到的唯一东西：在我一生中有几年自由支配的时间去研究文学艺术——人生大学。"①

维也纳是一座文化熔炉般的城市。它兼容并蓄，博采众长，欧洲不同国家的文化与艺术流派在此汇集碰撞，最终生成一种崭新的维也纳文化。升入大学的茨威格更加自由地汲取营养，充实自己。在自传《灵魂的雕刻者》一书中，他为我们生动地展现了维也纳的这一特点——"一家较好的维也纳咖啡馆不仅提供维也纳所有的报纸，它还提供法国、英国、美国和意大利的报纸，以及一些非常著名的文学艺术杂志"②。这种氛围中的人们天然地具有开放包容的胸襟，自然地了解和学习着其他国家的文化艺术，每一个身处维也纳的人都"被培养成为一个超民族主义者、一个世界主义者、一个世界的公民"③。茨威格终其一生都信奉这种美好的世界主义，即使这种信仰在两次世界大战中受到重创。

茨威格出生于一个颇为富裕的犹太家庭。茨威格的父亲是一位聪明严谨、极具进取精神却不尚虚荣的犹太商人，他积极发展事业，弹奏钢琴，生活朴素，力求内心的充盈而非外在的浮华。茨威格一生能够孜孜不倦地追求文学、不满足于一时的成功、不慕虚荣都得益于父亲的影响。

---

① 茨威格（Stefan Zweig）. 昨日的世界——一个欧洲人的回忆[M]. 舒昌善，孙龙生，等译. 上海：三联书店，1991：105.

② 茨威格（Stefan Zweig）. 灵魂的雕刻者：茨威格[M]. 邓俊娥，马春兰，译. 北京：中华工商联合出版社，2015：22.

③ 茨威格（Stefan Zweig）. 犹太人的命运：茨威格的心灵世界[M]. 高中甫，等译. 上海：三联书店，2009：95.

茨威格的母亲则比较严格，她按照自己的意愿教育小茨威格，丝毫没有娇惯这位富家公子，还时常限制他的零花钱，这使得小茨威格产生了强烈的逆反心理，但是他始终没能拗过强势固执的母亲。这些经历使茨威格成为一个表面内向、内心焦躁任性的人。茨威格很小的时候就养成了阅读和写作的习惯，一旦发现这个属于自己的自由领地，他就秉持着进取精神一路奔突向前，一生从未停止。

1901 年，大学一年级的茨威格发表了第一本诗集《银弦集》，诗集语言优美，构思巧妙，显露出茨威格在文学上的才华。令茨威格兴奋的是，著名诗人里尔克将自己的最新作品赠予他，以表达对《银弦集》的肯定，大作曲家马克斯·雷格尔也要为这本诗集中的诗歌谱曲。《银弦集》使茨威格成为当时维也纳诗坛前途无量的年轻诗人之一。同所有的年轻人一样，茨威格也有过急于求成的心理，但他懂得这需要更加勤奋地学习，他继续在租住的公寓中埋头阅读、写作。不久，茨威格又在维也纳一家非常权威的报纸《新自由报》上发表了文章。这家报纸经常发表里尔克和霍夫曼斯塔尔的作品。获得这样的肯定，对于一名 19 岁的学生

萨尔茨堡的古城门

来说实属难得。“因此，这位 19 岁的青年发表了这篇文章，便若鱼跃龙门……一夜之间，便跃居维也纳名流的地位”[①]。

年少当远游

成年后的茨威格目光深邃平静，穿着严谨讲究，拥有一颗无比向往自由的心。文学让茨威格实现了思想的自由，而旅行则使茨威格获得了身体与思想的双重自由。茨威格是一位热爱旅行的作家，广阔丰富的外部世界对茨威格来说具有和文学一样的吸引力，他渴望自由地触摸一切，了解一切。

茨威格十分幸运，一生衣食无忧。父亲的纺织厂是奥地利和巴尔干半岛的最大纺织厂之一，优越的家境为他提供了良好的经济条件。大学以及婚前的一段时间，他像一只自由的鸟儿，周游世界，开阔眼界。1901 年秋至 1902 年春，茨威格前往柏林学习。当时的柏林如同一个充满热血的少年，朝气蓬勃。维也纳对茨威格来说已太狭窄，在柏林他获得了梦寐以求的自由，如同一只刚从镀金的笼中飞上天空的小鸟，为重获自由而欢呼雀跃。毕业后，茨威格继续过着漫游式的生活。

故居外景

① 张玉书. 茨威格评传：伟大心灵的回声[M]. 北京：高等教育出版社，2007：29.

他先是游遍整个欧洲大陆，接着前往印度感受恒河之水的圣洁，随后穿越大洋寻找惠特曼诗歌中的自由之国。旅行渐渐成为他生命中不可或缺的部分。漫游归来的茨威格意识到，一个人即使热爱漂泊，也必须有固定的住所，于是他在维也纳租了一套公寓，把在世界各地收集到的名人画作、手稿及一切心爱的东西暂存在这间公寓里：墙上挂着歌德的手稿、布莱克大师的铅笔画《约翰国王》，书架里摆满了莫扎特、贝多芬、巴尔扎克、罗曼·罗兰、里尔克、弗洛伊德、高尔基等名人的珍贵手稿。

在巴黎目睹罗丹的工作状态使茨威格懂得了艺术的奥秘，在与博闻多识的外交官的漫谈中他获得了丰富的知识。1904 年到 1914 年，茨威格像一个在海滩上玩耍的孩子，专注于感受海浪和收集来自大海深处的美丽贝壳，不知不觉间竟然已经收集了一口袋的宝贝。遇到第一任妻子弗里达之后，一直以来自由的茨威格终于归巢了。1908 年夏天的一个夜晚，弗里达在一场民间歌手的告别演唱会上邂逅了茨威格并爱上了他。二人关系的确立并不是一帆风顺的，对茨威格来说，结束自由的单身生活需要一个过程。二人交往期间，茨威格又邂逅了一位热情的巴黎女郎。茨威格不仅具有写作才华，还拥有俊朗的外表，是一位令女性痴迷的男性。但他的性格中也不乏缺点，如偏执、任性。遇到弗里达是他的幸运，她具有非同一般的胸怀。在弗里达似水柔情的包围中，焦躁不安的茨威格获得了心灵的平静。但婚后的茨威格难以忍受久居一地的生活，他经常去各地旅行，善于忍耐和包容的弗里达则非常理解茨威格这种心理与生理的需求。

这位热爱自由的作家，不仅以笔探寻着人心的广阔，也以身体感受着欧洲大陆畅通无阻的边界。在自由的畅游中，他从来不曾有过狭隘的民族意识，也从来没有意识到自己的犹太人身份有何不妥，一直以来他都秉持着一种世界主义的理想，乐意称自己为欧洲人。但战争肆虐时他才清醒地意识到现实的残酷，在战争中敌对国之间对立情绪严重，热爱旅行的茨威格再也不能如以前一样在欧洲大陆上畅通无阻，烦琐严格的通关手续使他分外苦恼。

正如塞万提斯笔下的人物堂吉诃德所言："自由是天赐的无价之宝，地下和海底所埋葬的一切财富都比不上。"茨威格终其一生将人的自由视为至关重要的人生价值。早在学生时代，僵化的学校教育唤醒了沉潜在他天性中的对于自由的热爱，直至生命的最后一刻他也不忘表达对自由的热爱，在其遗书中他说"个人自由是这个世界上最崇高的财富"[①]。最终他失去了他视为瑰宝的自由——无论是思想的还是身体的。

坎坷戏剧路

茨威格因其小说而著称于世，同时他也是一位优秀的剧作家，虽然他一生只创作了不到 10 部戏剧作品。也许是受到作家维尔哈伦的影响，茨威格逐渐对戏剧创作产生了兴趣。但是茨威格的戏剧之路并不顺畅，日后回忆自己的戏剧创作经历,他仍然心有余悸,称其为"戏剧的诅咒"。

1907 年，茨威格的第一部剧作《特西特斯》问世。这部剧作是关于古希腊特洛伊战争时阿喀琉斯和女儿国国王苔莱娅的故事，但是剧中主角却不是大英雄阿喀琉斯，而是懦弱无能、丑陋狰狞、受人嘲笑的特西特斯。暗恋着阿喀琉斯的苔莱娅被阿喀琉斯俘虏后，对其又爱又恨。被俘虏使她感到愤怒，但是心中对阿喀琉斯的爱又莫名地使她内心变得柔软。茨威格写活了这个角色，他笔下的阿喀琉斯绝情、没有人性、固执己见。而特西特斯则无私地爱着苔莱娅，为了救苔莱娅出去，他不惜付出生命。当苔莱娅被刺死时，这个丑陋懦弱的人竟然敢于揭露大英雄阿喀琉斯人性的卑微。剧作选材独特,构思巧妙,展现了永恒的人性光辉。这部剧最早体现了茨威格在人物塑造上"不为那些所谓的"英雄人物"歌功颂德，始终关注失败者的悲剧命运"[②]的特点。后来，当时德意志帝

---

① 高中甫．茨威格画传[M]．上海：复旦大学出版社，2011：185．

② 茨威格(Stefan Zweig)．灵魂的雕刻者：茨威格[M]．邓俊娥，马春兰，译．北京：中华工商联合出版社，2015：85．

山路

国最有名望的剧院柏林国王剧院提出要排演这部戏剧，由杰出的演员阿达尔贝尔特·马特考夫斯基饰演阿喀琉斯一角。茨威格知晓这一消息时，异常兴奋，他因此而想到“我的戏剧创作前景看似一片光明”。但是临近演出时，主演阿达尔贝尔特·马特考夫斯基因病去世。后来这部剧虽然在德累斯顿宫廷剧院和卡塞尔王家剧院上演，但是茨威格已了无兴趣。

1910年，维也纳宫廷剧院著名演员约瑟夫·凯因茨向茨威格邀戏，他受宠若惊，并写出了一部较为轻松快乐的剧本《化身戏子》，凯因茨非常喜欢这个剧本。不可思议的是，开演之前，这位一直很健康的演员却突患癌症去世。后来在其剧本《穷人的羔羊》排演的过程中又发生了类似的事情——著名演员亚历山大·摩阿西在排演时，因严重的流感而不幸去世。这些巧合的悲惨事件使茨威格的创作热情受到严重打击，但年轻的戏剧家终于收获了他应有的荣耀。1912年，茨威格的剧本《海滨之屋》在维也纳宫廷剧院上演。当时的剧作家将自己的剧本能在维也纳宫廷剧院上演视为最大的成功，在日记中茨威格记录了《海滨之屋》上演时的盛况。《海滨之屋》使他一跃而成为戏剧界的明星。

茨威格给人的印象一直是严肃认真、优雅从容的，但他的创作风格要比我们想象的更为丰富。1925年，茨威格根据本·琼生的剧本《沃尔波纳》改写了一部精彩的喜剧，该剧主要批判那些视钱财如命的人。

剧中以意大利动物的名称为人物命名，情节一波三折，语言幽默犀利。该剧先在德累斯顿宫廷剧院上演，后在巴黎上演，让世界各地的观众在捧腹大笑之余陷入沉思。这部成功的喜剧让人们不禁感叹茨威格杰出的文学才能。

在《特西特斯》《化身戏子》等剧本的上演过程中，主力演员的相继离世，对茨威格的戏剧之路产生了非常大的影响，他一度认为是命运或者其他神秘的东西在阻止自己的戏剧之路。后来在自传中，茨威格坦言剧作《耶利米》上演时一种神秘的不祥之感仍然笼罩着他。但仅从这几部戏剧作品中，已然看出茨威格卓越的戏剧创作才能。

痴迷为心灵

1919 年 4 月 29 日，茨威格与妻子住进了托钵僧山上的居所——一座昔日宫廷的小行宫。茨威格崇尚自由，不愿被俗事牵绊。第一次世界大战使他厌倦了繁华的大城市，在萨尔茨堡的生活充分满足了他的愿望：美丽温柔的妻子、安静优美的居所、战争前暂时的平静，这一切使茨威格的创作进入一生中最为辉煌的时期。经过大学以及毕业后几年的漫游，茨威格对世界及人性的认识更为深刻，那些随意捡拾的故事成了他写作的素材，是时候将它们加工成艺术品了。1919 年到 1934 年，茨威格安静地在萨尔茨堡读书写作。在这里，

故居院内台阶

他创作出《一个陌生女人的来信》《描述自我的三诗人》《三大师》等日后扬名海内外的作品。

茨威格的文学作品因其杰出的心理描写著称于世，他因此被称为“灵魂的猎手”。茨威格对心理现象的痴迷由来已久，早在 1901 年秋到 1902 年春去柏林学习的那个学期，这位雄心勃勃的年轻人就深入社会底层，接触了离经叛道的怪异艺术家、醉醺醺的酒鬼、吸毒者等艰难生活的人们。他对这些阴暗的角落、怪异的心理产生了极大的兴趣，如在其小说《马来狂人》中叙述者“我”所言：“谜一般的心理现象对我一向具有很大的威力。”这种强烈的对于心理现象的痴迷，使茨威格的作品具有摄人心魄的力量。

奥地利心理学家弗洛伊德对茨威格的小说创作亦产生了深远的影响。在中国现代作家张爱玲的小说《沉香屑·第二炉香》中，作者讲述了一个家庭悲剧：没有性知识的新娘愫细，视丈夫罗杰为变态者。人们对此议论纷纷，最终罗杰无法忍受流言蜚语自杀而亡。令人惊奇的是，张爱玲这个发表于 20 世纪 40 年代的虚构故事与发生在茨威格姨妈身上的往事竟如此相似。这个 19 世纪的女孩在新婚之夜仓皇逃回父母的家，不明就里的父母抱着抽噎颤抖的女儿询问原因，女孩大声咒骂丈夫是流氓败类。父母哭笑不得，向女孩讲清缘由，她才安静下来，但过了很久才适应婚姻生活。这件秘事使我们得以窥见当时奥地利人民“谈性色变”的社会现象，因此不难想象当弗洛伊德用严肃的学术文章公开谈论性心理是多么惊世骇俗的举动。奥地利国内的学者先是群起攻击弗洛伊德的荒谬与无耻，继而采用冷处理的办法想使弗洛伊德败下阵来，但这位正直的学者即使孤军奋战也不屈服。其时，有一大批年轻的学者与作家都认可他的理论，敬仰他的人品，这当中就有茨威格，后来他们成为忘年交。茨威格的小说曾被称为弗洛伊德理论的注解，虽有失偏颇，但弗洛伊德的确对茨威格的创作产生了重要影响。在心灵这片幽暗深邃的土地上，茨威格如一个乐于探险的勇士，手执心灵之灯，以不同的文学体裁探索，照亮着这神秘而幽暗的世界。

1910年中篇小说集《最初的经历》发表后，茨威格成为一位受人喜爱的小说家。这部集子中的作品包括《家庭女教师》《燃烧的秘密》《夏日小故事》《夜色朦胧》。小说《夏日小故事》构思奇特，情节一波三折，引人入胜。男主角并不是一位充满朝气的少年，而是一位高雅有教养的老先生，女主角则是一位16岁的懵懂少女。茨威格通过这奇异的角色组合将少女的恋爱心理、老年人也可能爆发的激情同时展现出来。而小说《夜色朦胧》则细腻地表现了一位春心萌动的少年的恋爱心理。在烦闷的夏夜，一位陌生的白衣少女飘然而至，少年先是慌张，继而想要了解她的身份。在种种误会中发生了令人哭笑不得的故事。少年在短短的几天里同时经历了爱别人与被别人爱，作者的一支妙笔描绘尽了少年恋爱时复杂的心理变化。

1922年，茨威格又出版了小说集《马来狂人》。这本小说集是茨威格的成熟之作，收入了传世名篇《一个陌生女人的来信》《马来狂人》。茨威格十分擅长描写女性的心理，年轻时目睹了虚伪道德对于女性的压抑，他对于女性的处境抱有深切的同情。“社会道德在性方面对男女要求不同。在它眼里有活力的男性可以有性欲和性冲动；而对于女性，它却苛刻地要求女性贞洁，丝毫不管女性也有性欲和性冲动的事实。”[①]正是抱有这样的理解和同情，茨威格笔下的女性才格外受读者的喜爱。《一个陌生女人的来信》故事情节并不复杂，讲述了一位女性从少女时期开始就痴恋一位作家。这个故事打动了无数读者。也许有人会嘲笑“陌生女人”的偏执，但也一定惊叹于茨威格杰出的把握女性心理的写作能力。在男权思想盛行的时代，茨威格是为数不多的能为女性心灵赋形的作家。发表于1927年出版的中短篇小说集《感情的混乱》中的小说名篇《女人和大地》《一个女人一生中的二十四小时》同样如此。前者采用象征

① 茨威格（Stefan Zweig）. 灵魂的雕刻者：茨威格[M]. 邓俊娥，马春兰，译. 北京：中华工商联合出版社，2015：38.

茨威格塑像

手法叙事，以干旱的大地渴望一场大雨象征女性情欲的躁动，简单的情节被茨威格叙述得如梦如幻。后者呈现了一位如枯木般的寡居妇人在一天之内迸发的强烈激情，小说节奏大开大阖，动人心魄。弗洛伊德特别喜欢这篇小说，并用儿童性心理的理论对这篇小说做出独到的解释。另一本受读者喜爱的小说《感情的混乱》中，作者将饱含理解与同情的目光投向同性恋者。正是由于茨威格对笔下人物的同情，才使得他的小说格外打动人心。

茨威格最为中国读者所熟知的是其小说，其实茨威格还是一位传记大家。他擅长用心理分析的方法走进所传之人、之事，他的传记作品，能够让读者拨开既定的历史事实迷雾窥见人物的内心。他还擅长用细腻华美的文学性语言写传，使原本枯燥的传记妙趣横生。他的许多传记作品自问世以来，一版再版，直至今天仍被世界各地的读者所喜爱。

1925 年茨威格推出了他的传记作品《与妖魔搏斗》。这本书以德国作家荷尔德林、亨利希·封·克莱斯特和哲学家尼采三个著名人物为研究对象。之所以选择他们，茨威格说是因为自己与这些人物心曲相通。他们一生不停地漂泊寻找，痴狂疯魔，也许正暗合了茨威格对于理想的偏执追求。茨威格用心理分析的相关理论解读这三位人物，认为他们一生都受到源自内心的某种妖魔性力量的支配，这种力量使他们野心勃勃、焦躁不安，如果不加以控制必将走向毁灭的深渊。《与妖魔搏斗》一书出版后，当年即售出 10000 多册。1927 年底茨威格又完成了与《三大师》《与妖魔搏斗》同一系列的传记作品《描述自我的三作家》，从心理分析的角度研究意大利作家吉阿科莫·卡萨诺瓦、司汤达和列夫·托尔斯泰，语言精致，剖析深刻。

茨威格在他所熟悉的领域驾轻就熟之后，开始开辟新的疆土。完成于 1926 年的传记作品《人类星光闪耀时》标志着茨威格的兴趣点转向历史。该书以优美的笔触细致地分析刻画了历史上的关键时刻，如“滑铁卢决定胜利的一瞬”“飞越大洋的第一句话”“永恒的瞬间”，等等。作者仿佛用镜头将这些重要的历史时刻拉至读者眼前，将自己的情感渗透其中，使得历史上原本枯燥的史实分外生动。书中《伟大的悲剧》一文还被选入了我国中学语文课本。1929 年，茨威格又出版了一本历史人物传记《约瑟夫·富谢——一位政治性人物的肖像》。茨威格是一位不问政治的作家，但某种程度上这体现了他的政治态度。有感于 20 世纪初欧洲各派势力你方唱罢我登场的政治形势，茨威格写了这本书，希望以此暗示人们“精明狡猾的政治性人物对民族和欧洲的危险之处”。富谢所处的历史时期是法国政治形势变幻莫测的时期。政治舞台上的主角也许此刻还在沾沾自喜，但下一秒可能就被推上断头台。而出身低微的富谢却宛如一条油滑的蛇，无声地穿梭在政治舞台之中，在黑暗中睁着狡黠的双眼为自己谋算。这样的一个人竟然在每一个历史舞台上都出现并占有重要位置。茨威格在书中倾注了极大的激情，从人性、心理的角度带领读者再一次走入历史的血雨腥风中，走入这位狡诈人物的内心，让人们清楚地看到某一类政治家的虚伪与阴险、贪婪与可怖。此书出版之后，报纸杂志上好评如潮，1929 年第 2 版销量达到 20000

故居正门

册。此书的成功使茨威格成为20世纪著名的传记作家。1935年，茨威格出版的历史人物传记《玛丽斯图亚特》传递了同样的思想，通过复活苏格兰历史上的一位断头王后，表达他对政治的虚伪残忍与对人性异化的批判和控诉。

茨威格在其所处的年代可以说是一位畅销书作家，他的作品一经出版就接连再版，无论是小说、传记、剧本，还是其小说改编成的影视作品都广受欢迎。他的作品被翻译成几十种语言出现在世界各地，甚至还有梵文版。正如幽静的萨尔茨堡深藏山林，茨威格从来没有为名利所缚，对他来说，文学才是滋养他生命的活水，他更愿做一位低调谦和的作家。文学需要经过时间的淘洗才能显出其可贵，许多畅销作品在岁月的冲刷下消失在历史中，但是茨威格的作品经久不衰。杰出的心理描写使他的作品闪耀着诱人的光芒，对于人性的挖掘与对于人类的人道主义关怀更使之具有永恒的光辉。从戏剧《特西斯特》开始，茨威格就满怀同情和理解，关注着平凡的甚至表面上看起来卑琐的人物，力图挖掘出他们内心的善与美、爱与真。如果茨威格仅仅是一位轻浮的畅销书作家，爱因斯坦会拥有他的全部作品吗？直至今天，人们仍然能从其作品中感受到跨越时空的温暖与力量——关于自由，关于理想，关于激情，关于爱……

挥笔为和平

茨威格本是一位不关心政治的作家，但是他一生却遭遇了两次世界大战，他炙热的理想主义注定要在战火中千锤百炼。作为一个有良知的知识分子，茨威格没有在蛊惑人心的政治宣传中失去理智，而始终保有对和平与人道主义的信仰，并用自己的方式在狂热的战争年代发出宝贵的声音。

茨威格珍视友情，他的朋友遍及整个欧洲乃至世界。可是战争中，国家的敌对势必导致人民的敌对，茨威格对此痛心疾首。当他看到尊敬的师长——比利时的作家维尔哈伦开始将他那美妙的才华用在撰写充满民族仇恨的作品时，他如鲠在喉，觉得这宝贵的友谊将永远隔上一道高墙。他写了杂文《致外国友人们》,呼吁人们不要让战争破坏可贵的友谊。战争使他再不能平静地生活与写作,但他用自己的笔写出了反战剧本《耶利米》。在该剧本中，茨威格利用耶利米的形象表达了自己的反战思想，设置了战争必然失败的结局，他想要人们意识到，战争除了给人民带来深重的灾难以外，什么都没有。剧本上演后，人们纷纷赞扬作家的勇气与才能。1914 年第一次世界大战爆发后，作战国双方的人民卷进了民族主义、沙文主义的旋涡中。昔日来自其他国家的朋友顷刻之间变成敌人，敌对国的伟人一夜之间被人们贬得一文不值。罗曼·罗兰发表文章《凌驾于混乱之上》，奉劝人们不要因为战争而破坏宝贵的友谊，但却因此而被骂作卖国贼。在这种令人窒息的环境中，茨威格还是有条不紊地写出了优秀的传记作品《三大师》，即使他所选取的这三位大师——狄更斯、巴尔扎克、陀思妥耶夫斯基都来自“敌对国”。

茨威格在战争与和平的矛盾中也经历着灵魂的撕扯。《无形的压力》中，那位不问世事的艺术家在战争的呼唤中差点丧失理智，想要抛弃妻子前往战场赴死,可想而知当时的民众对战争的盲目狂热多么歇斯底里。这位艺术家身上有茨威格的影子，在当时的环境中，一个男性如果没有上战场就会被指指点点。幸好他遇见了罗曼·罗兰，还有妻子弗里达。第一次世界大战时许多德语作家开始写宣传战争的作品，如抒情诗人恩斯特·利骚、霍普特曼、戴墨尔等，有的还志愿入伍。茨威格更加坚定了自己“世界公民”的身份。他因体检不合格而不用服军役，他为此感到高兴，但还是寻找到一份不具有煽动性的工作——在军事档案馆修改告示，在此他遇见了大诗人里尔克。里尔克穿着军装拘谨又慌乱地向来往军官敬礼的形象，深深地刻在茨威格脑海里。也许时人会认为茨威格在战争期间的工作是懦弱可笑的，但是作为一位热爱文学的作家，茨威格以他自己的方式坚守了思想的纯洁与独立。

茨威格是一个犹太人，但是他从来没有因此而感觉到危机，直至希特勒上台。他始终没有放弃自己的世界主义理想，他认为，犹太人在战

故居外景

争中所受的严重伤害不是问题的本质，他始终以欧洲的光辉文明与灿烂文化为根基，从没有让狭隘的民族主义进驻自己的内心，而是始终坚持一种普遍意义上的人道主义，他呼唤的是整个欧洲、整个世界的和平与宽容。希特勒上台后，犹太作家的书籍被当众焚烧并遭到严厉抵制，茨威格的作品已不能在德国销售。犹太音乐家理查德·施特劳斯撰写的歌剧脚本《沉默的女人》也命途多舛，希特勒看在理查德·施特劳斯的面子上没有禁演歌剧，但是批评界却多有微词，最终还是禁止上演。为此，理查德·施特劳斯愤然辞去帝国音乐总署总监的职务。在这种情况下，茨威格还是写出了历史传记《卡斯台利奥反抗卡尔文》，表达了自己对当时德国的认识，进一步强烈地表达对法西斯专制的反抗。这本书当时已经不能在德国销售，连出版此书的赖希纳出版社的库存也被纳粹当局没收。出版于1934年的《鹿特丹的埃拉斯姆斯的胜利和悲剧》同样表达了作者对人道主义的呼唤，但当时德国的读者已无法看到这本书。残酷的战争一直到茨威格头发花白也没有结束。1942年1月，茨威格写出了反法西斯小说《象棋的故事》，不幸的是，这篇小说竟成绝笔。小说没有正面描写战场的血腥与残酷，而是通过被囚的主人公几近分裂的精神状态，呈现了战争对人的身体和心灵的双重残害。主人公难以忍受封闭牢房中令人窒息的空虚，千方百计得到了一本读物，虽是一本棋谱，但对他来说也如救命稻草。从此，他在头脑中自己与自己对弈，几近癫狂分裂。小说读来让人不寒而栗，这个人物身上也有茨威格的影子。1934 年茨威格在萨尔茨堡的住宅被纳粹当局抄没，从此他流亡国外，辗转于伦敦、纽约等地，最终在巴西的彼得罗波利斯定居。虽然躲避了残酷的战争对肉体的伤害，但他再也不能像以前一样自由地写作和旅行了，而这曾是他生命的根本需求。这种处境下的茨威格和那位被囚在斗室中的人别无二致。每日，他只能和病弱的、无法给予他力量的第二任妻子绿蒂相处，在远离欧洲的南美大陆，眼睁睁地看着昔日辉煌的故乡在战争中走向毁灭，一块块文明的砖瓦支离破碎，无数的同胞身处水深火热之中。犹太人所面临的悲惨处境在茨威格心中蒙上一层挥之不去的阴影，他日渐失去面对这一切的力量，整洁潇洒的服饰、如常的举止，却无法遮掩他眼神中的疲惫与灰暗。

结语

这位热爱文学、热爱生命、热爱自由、热爱和平的作家最终没能等到和平的日子到来。1942 年，茨威格以服毒自杀的方式结束了自己的生命，共同死去的还有身旁躺着的第二任妻子绿蒂。茨威格将死亡处理得像是一次普通的旅行，桌子上甚至还放着他留给小狗买食物的钱。让人唏嘘的是，作家在安排生命的终场时，与他所钟爱的德国作家克莱斯特何其相似，他是否最终也没能战胜那纠缠不休的令人俯首称臣的“妖魔”？在遥远的巴西小城彼特罗波利斯隐居的他，像一只被置于荒芜之地的爱唱歌的鸟儿，无论他发出多么美妙或枯燥的声音都没有任何回应，他的生命逐渐枯竭了。在他留给世界的《声明》中写道：“我向我所有的朋友致意！但愿他们经过漫漫长夜还能看到旭日东升！而我这个过于性急的人先他们而去了。”[1]1942 年 2 月 23 日，茨威格和妻子的尸体被人们发现，巴西政府为他举行了隆重而肃穆的国葬仪式，送葬的队伍中有他的朋友、政府官员，还有巴西人民和他的读者，街道上的商店都停止营业，人们沉浸在失去伟大作家的哀伤中。他和妻子被埋葬在巴西国王彼得罗二世的墓旁，这是一位作家在异乡所能享受的最高荣誉，在世界文学史上极为罕见。昔日那位为文学痴狂的翩翩少年悄然逝去，多难的世界使怀抱美好理想的茨威格一次次失望，但他仍然用沉重哀伤的笔触写出了近乎偏执的对于理想的坚持。他的文学饱含着对于人类的关怀，他终生不渝地追求个人精神与身体的自由，即使身处一个饱受伤害的民族，他也坚持为整个欧洲乃至世界呼唤和平，这一切都是他留给世界的宝贵精神财富。托钵僧山上的住宅早已物是人非，茨威格没能在这里度过本属于一个作家的平静一生，但也许他最终在巴西找到了永远的宁静。

（撰稿：陈文娇）

① 高中甫．茨威格画传[M]，上海：复旦大学出版社，2011：185．

参考文献

茨威格（Stefan Zweig）. 茨威格小说全集 [M]. 高中甫，张玉书，译. 西安：西安出版社，1995.

茨威格（Stefan Zweig）. 人类群星闪耀时 [M]. 舒昌善，译. 北京：三联书店，1996.

曹天健，何洛. 茨威格其人其作 [M]. 合肥：安徽文艺出版社，1999.

阎嘉. 触摸人类的灵魂：茨威格 [M]. 成都：四川人民出版社，1997.

杨荣. 茨威格小说研究 [M]. 成都：巴蜀书社，2003.

张晏. 茨威格中短篇小说叙事研究 [M]. 北京：人民文学出版社，2012.

张玉书. 茨威格研究 [M]. 北京：高等教育出版社，2006.

卡夫卡

在欧洲大陆的中部，有一个中世纪建筑云集、世界文化遗产遍布的国家——捷克，首都布拉格是一座风景秀丽的城市。布拉格的美不只在于它的风景，还在于它的文化气质。在这座城市里，有一条小巷子，灰色砖头铺设的街道寂静幽深，两边色彩斑斓的矮房熠熠生辉，如果说布拉格是欧洲最美丽的城市，那么这条小巷——黄金巷则是这座城市一道独特的风景线。

黄金巷地处圣乔治教堂与玩具博物馆之间，本是仆人工匠的居住地，后来因为汇聚了不少为国王炼金的术士，因此得名。走进黄金巷，小巧的房舍林立道旁，宛如童话世界，充满了诗情画意。来自全世界的旅游者会到这个仅有百余米长的狭窄小巷来朝拜，以此瞻仰世界文学巨匠、表现主义文学的代言人——弗兰茨·卡夫卡。

黄金巷是一条窄小得像袖子般的死巷，从头走到尾花不了 5 分钟。卡夫卡的故居——黄金巷 22 号，只是众多房舍中的一户蓝色小屋，建于 1597 年，墙壁很薄，房舍低矮，天花板触手可及。这本是卡夫卡最喜欢的小妹奥特拉于 1916 年 11 月租下作周末约

卡夫卡故居（捷克布拉格）

会用的，却被哥哥当成了工作室。卡夫卡每天下班后都会带着简单的晚餐，直奔黄金巷，写作至深夜，然后趁着月色回到父母的家。在这座狭窄的小屋里，卡夫卡默默地完成了生前不为人知的重要短篇小说《乡村医生》和《致科学院的报告》。

黄金巷 22 号并非卡夫卡的出生地，忧郁、孤僻的卡夫卡由于不堪忍受旧城区的喧闹嘈杂，搬到这间不过 10 平方米的小屋写作，他在这里只待了不到一年的时间。现在的黄金巷 22 号是一家书店，店门矮小，在门两侧的橱窗里，展示的全是卡夫卡的作品，每一本书的封面上都印有卡夫卡的头像。与其说黄金巷 22 号是卡夫卡的故居，不如说布拉格是卡夫卡文学创作的故乡。

逃离——无法摆脱的宿命

卡夫卡生于布拉格，长于布拉格，一生都想要逃离布拉格。卡夫卡生命短暂，只活了 41 岁，在这为数不多的岁月里，卡夫卡绝大多数日子都生活在布拉格。布拉格的旧城区是卡夫卡最熟悉的地方，除了后来得病，不得不入住疗养院，他很少离开这个地方。卡夫卡曾把布拉格称作“带爪子的母亲”，不管他走多远，都会被母亲的爪子抓回到身边。

1883年，古老的布拉格被奥匈帝国的巨大阴影笼罩着，普法战争的炮火刚刚停息，普鲁士首相俾斯麦的“铁血政策”还在推行，社会主义运动风起云涌，资本主义世界危机重重，“前途未卜”的灰暗情绪困扰着人们，令人憋闷不安。7月3日，布拉格旧城迈泽尔胡同的一座老房子里，犹太商人赫尔曼·卡夫卡的妻子生下了一个身体纤瘦的男孩。夫妻俩给男孩起名弗兰茨·卡夫卡。正是这个男孩，在30年后能够在表现主义文学运动中找到不安情绪的出口，把人们压抑痛苦的内心世界呼喊出来，成为20世纪西方最著名的德语作家之一，以及20世纪现代主义文学的奠基人。

作为家里的独子，卡夫卡的父母对他寄予厚望。卡夫卡的父亲是一位白手起家的商人，凭借聪明才智创业成功。精明强悍、专制独裁、刚愎自用的父亲对卡夫卡的学习和生活不闻不问，喜欢在吃饭的时候对卡夫卡指手画脚，发号施令。他粗暴庸俗，喜欢玩乐，他怒不可遏的嘶吼和鄙夷不屑的语调常常令卡夫卡瑟瑟发抖，这或许是造成卡夫卡优柔寡断、敏感怯懦、内敛自卑性格的主要原因。在卡夫卡36岁时，他鼓起勇气给父亲写了一封100多页的信，但最终没有勇气交给父亲。在《致父亲》那封长达几万字的信中，卡夫卡表达了对父亲的复杂情感，一方面他厌恶父亲的专制和庸俗；另一方面，他对强悍的父亲怀有一种羡慕和敬畏。这种复杂的情感让他备受父权的压抑，对父权的反对和控诉也成为他文学作品中的重要主题。卡夫卡抱怨说：“因为我是一个年幼的孩子，在反对父亲的斗争中失败了，但是这些年来，我一直没有使自己离开这个战场，虽然他仍然在那里一次又一次地击败我。”①

① 曾艳兵．法门内外——论卡夫卡的《诉讼》[J]．湘潭大学学报，2004（5）．

与专横的父亲相比，卡夫卡的母亲是一个贤妻良母，温柔贤惠，多愁善感，十分疼爱卡夫卡。在她的影响下，卡夫卡顺从、文静。但母亲又是一个唯夫命是从的女人，在丈夫的强势下，她不敢袒护儿子。母子之间缺乏沟通，母亲无法真正理解卡夫卡，不能尽到一个母亲的责任。卡夫卡的心情十分压抑，他曾在日记里写道："我在那些最亲近的、最充满爱抚的人们中间，比一个陌生人还要陌生。近年来我和我的母亲平均每天说不到 20 句话；和我的父亲除了几句空洞的大话以外几乎没有别的话可说；和我那两位已结婚的妹妹和妹夫不生气根本就没有话要谈。"家对于卡夫卡来说是一所监狱，他始终无法融入家庭，找不到归属感。家在卡夫卡眼里是监禁他的铁笼："比如我现在回家，然而这只是表面上如此。实际上，我在走进一座专门为我建立的监狱，而这座监狱完全像一幢普通的民宅，除了我自己，没有人把它看成监狱，因而就更糟糕更残酷。任何越狱的企图都没有了。"①

1889 年秋，卡夫卡上学了。但是，童年对于卡夫卡来说并不是一段美好的时光。排犹反犹导致的生存困境、专制独裁的父亲、促狭而又心理阴暗的家庭女厨师、顽劣的小学同学，这一切都变成了紧紧追随他的噩梦。然而，他自卑敏感又缺乏反抗精神，只好逆来顺受，日益怯懦和自我封闭。

1893 年，10 岁的卡夫卡走进了设在金斯基王宫的德语文科中学。本以为进入中学会是一个全新的开始，没想到除了压抑和恐惧，卡夫卡什么也没感觉到。金斯基王宫是一座严肃、阴森的巴洛克建筑，等级森严、纪律严苛的学校制度加剧了卡夫卡孤僻自闭、怯懦内向的性格，站在高大阴郁的金斯基王宫面前，他有了更加沉重的压迫感，只好向内心深处做更加彻底的逃亡，离群索居。中学时代，文学为他开辟了一条随时可逃的道路，教科书使他能够逃避父母的严词责骂，于是他常常沉浸于读

① 雅努施．卡夫卡对我说[M]．赵登荣，译．长春：时代文艺出版社，1991：53.

书与学习之中。在卡夫卡身上，日常生活和文学几乎完全脱节。庆幸的是，这个时期他发觉自己在文学方面很有天赋，为了娱乐，他尝试写下了《骗子》《谈照相》《格奥尔格·冯·波迪布拉德》等小剧本，给家人带来了快乐。

卡夫卡自幼酷爱读书，喜欢用德语写作。1901年，经过中学阶段的8年苦读，卡夫卡在布拉格大学注册入学，开始了大学生活，在选择专业时再次表现出优柔寡断的性格。由于犹太出身、父亲的期望等原因，他不得不从自己不喜欢的化学专业转到自己同样不喜欢的法律专业，但他始终没有放弃对文学的热爱。卡夫卡中学时代就喜欢法国自然主义文学，喜欢读斯宾诺莎、尼采、达尔文、易卜生等人的作品。大学给他提供了一个更广阔的舞台，他受到了丹麦哲学家克尔凯郭尔的存在主义思想影响。在好友马克斯·布洛德的鼓舞和支持下，卡夫卡开始从事文学创作，并在1904年创作了首篇短篇小说《一场战斗纪实》。

故居正门

通过马克斯·布洛德，卡夫卡认识了表现主义运动的重要活动家韦尔弗，并对他的创作风格的形成产生了重要影响。这个时期的卡夫卡由于学习了法律，性格发生了巨大的变化。他经常进行自我剖析，喜欢做判断，对一切事物既陌生又好奇，胆怯地躲避别人，同时又渴望和他建立友谊，他常常用冷静的眼光观察周围的事物。

故居橱窗

布拉格虽小，卡夫卡却一生都在此漂泊。卡夫卡的父亲经营着一家妇女用品商店，在商店开张后的头 7 年里，卡夫卡一家人的住房简陋矮小，还得经常搬迁。他们住过的房子很多，大都在旧城区或紧挨旧城区。1907 年 6 月，卡夫卡的家搬到摩尔多河畔一幢漂亮的楼房里。卡夫卡从自己的房间可以眺望摩尔多河对岸的风景。但是这个房间位于起居室与父母的卧室之间，他时常受到打扰。性格中无法摆脱的懦弱，使他对父母过于依赖。他的毕业实习无任何报酬，经济上尚不能独立，于是他不得不继续留在家里。他几乎每天都想要逃离，逃离家庭，逃离布拉格。毕业实习期即将结束的时候，他也曾幻想能够和好友布洛德一起去西班牙工作，或到更遥远的南美洲，在那里继续发展他们的友谊，但这一切都没有实现。

经过反复考虑，24 岁的卡夫卡在 1907 年 10 月接受了工伤事故保险公司的工作。工作对于卡夫卡来说就是负担，为了写作，他多次想要辞掉这个岗位，但一直都没能如愿。到 1922 年因病情恶化被迫退休为止，他一直在这个岗位上兢兢业业地工作着，得到同事们的称赞和喜欢。

追寻——锲而不舍的探索

卡夫卡的一生都在追寻，追寻亲情，追寻爱情，追寻生命存在的价值和意义，追寻自己的归宿。卡夫卡对家的向往非常强烈，如果有一个温暖的家，那么他那颗冰冷的心就能够得到温存，但是孤独的卡夫卡没有；如果卡夫卡的父亲慈祥仁爱，那么他的作品里就不会充满如此多的恐惧和孤独；如果卡夫卡没有那么敏感，他也就不会受到如此大的伤害。亲人的不理解，家庭生活的不幸，让卡夫卡倍感孤独，他不得不企图在爱情中寻找精神的寄托。

卡夫卡一生没有结婚，但他始终对爱情充满憧憬。他一直认为："因为没有核心、没有职业、没有爱情、没有家庭、没有年金，就是说，没有一切面对世界，自然只是尝试地保持住自己的位置，不以庞大的整套财富在某种程度上使世界惊愕，人们也就不能防护眼前毁灭性的损失。"①1912 年 8 月，卡夫卡结识了从柏林来访的菲利斯·鲍威尔，由于各种原因，他们 5 年里两次订婚，两次解除婚约。他们两地分居，卡夫卡恋爱关系主要靠书信维持，5 年内只见过 17 次面，最终没能在一起。1919 年，卡夫卡和 28 岁的尤莉·沃律切克有过短暂的婚约。但后来，卡夫卡遇到了性格爽朗、热情泼辣的 25 岁的密伦娜，她不仅思想激进，而且很有正义感。卡夫卡遇到密伦娜就像冰遇到了水，开始时真挚热烈，但两人的关系很快走到尽头，于 1921 年结束。中年时，卡夫卡终于离开了布拉格，与 20 多岁的多拉·迪芒产生了爱情。多拉在卡夫卡生病期间周到细心地照顾他，给予卡夫卡内心深处最渴望的温暖和抚慰，卡夫卡被多拉的深情感动。但由于父亲的坚决反对和卡夫卡的身体状况，他们最终没有结婚。卡夫卡对自己在爱情和婚姻上的频频失败感慨万分，1922 年他在日记中写道："我喜欢正在爱恋的人。但我自己不能爱，我离得太远，我被驱逐了。"

卡夫卡的一生是迷途的一生，追寻的一生。可悲的是，卡夫卡不仅在感情生活中找不到自己的身份，在社会上也找不到自己的身份。卡夫卡生于犹太家庭，长于犹太文化的土壤之中，这种影响早已渗透到他的思想意识、血液骨髓。但是卡夫卡却极其排斥自己的犹太身份。他曾经

---

① 叶廷芳．卡夫卡全集（第 6 卷）[M]．黎奇，等译．石家庄：河北教育出版社，1996：12．

非常愤怒地否认自己的犹太身份："我同犹太人有什么共同之处？我与我自己几乎都没有共同之处！"

卡夫卡的一生单纯而又复杂，平常而又极易引起争论。正如卡夫卡研究专家曾艳兵所说："作为犹太人，他在基督徒中不是自己人；作为不入帮会的犹太人，他在犹太人当中不是自己人；作为说德语的人，他在捷克人当中不是自己人；作为波希米亚人，他也不完全属于奥地利人；作为劳工工伤保险公司的职员，他不完全属于资产阶级；作为资产者的儿子，他又不完全属于劳动者；但他也不是公务员，因为他觉得自己是个作家；而就作家而言，他也不是，因为他常常把精力花在家庭方面；但是在自己家里，他比陌生人还要陌生。卡夫卡什么都不是，但他又什么都是；他无所归属，但这反倒使他容易成为世界性作家。"①正是这种悲伤压抑的生活经历，敏感又自卑的性格特征最终成就了独一无二的卡夫卡。

写作——难以割舍的情结

作为一位自传性色彩非常强烈的作家，卡夫卡的生活和艺术紧密相连，他的生活中体现着艺术，艺术中又还原着生活。卡夫卡是一位表现主义文学大师，是现代派的代言人，他擅于挖掘内心世界，按照自己的心理模式和内心感受安排故事情节并塑造人物形象。作为一位勤奋的业余作家，他一生都志在写作，即使工作繁忙、父亲反对、身体抱恙都没能阻止他写作。为了写作，他牺牲了睡眠，牺牲了爱情、婚姻和家庭，甚至牺牲了健康。写作不只是他的兴趣、愿望、恋人，还是他的生命，没有了写作，卡夫卡的生活将毫无色彩和意义。卡夫卡说："在我身上最容易看得出一种朝着写作的集中。当我的肌体中清楚地显示出写作是

① 曾艳兵．20世纪外国文学史[M]．北京：中国人民大学出版社，2014：164．

本质中最有效的方向时，一切都朝着它涌去，撇下了获得性生活、吃、喝、哲学思考，尤其是音乐的快乐的一切能力。我在所有这些方面都萎缩了。”[①]“我身上的一切都是用于写作的，丝毫没有多余的东西，即使就其褒义而言也没有丝毫多余的东西。”[②]

从 1912 年卡夫卡在文学创作上初露锋芒，到 1924 年去世，他真正的创作时间只有短短十余年。时间对于他非常宝贵，工伤保险公司的工作成为他最大的困扰，他曾请求父亲资助他两年，以便专心从事文学创作，可惜父亲没有答应。他只好利用一切业余时间进行写作，恨不得弃绝一切与亲友的往来和社交活动，躲在地下室的角落里，除了吃饭，其他时间都用来写作。卡夫卡曾说：“我最理想的生活方式是带着纸笔和一盏灯待在一个宽敞的闭门掩户的地窖最里面的一间里，饭由人送来，饭放在离我这间地窖很远的第一道门后。穿着睡衣，穿过地窖所有的房

故居书架

① 叶廷芳. 卡夫卡全集（第 6 卷）[M]. 黎奇，等译. 石家庄：河北教育出版社，1996：184.
② 叶廷芳. 卡夫卡全集（第 9 卷）[M]. 卢永华，等译. 石家庄：河北教育出版社，1996：189.

故居内景

间去取饭，将是我唯一的散步……那样我将写出什么样的作品啊！我将从什么样的深处把它挖掘出来啊！”① 值得庆幸的是，在短短的 10 年间，卡夫卡利用业余时间创作了 3 部长篇小说，78 篇中短篇小说，还有大量的日记、书信，不下几百万字，给读者带来巨大的精神财富。

卡夫卡的创作可以分为三个阶段：在创作早期（1902—1911），只完成了一部散文小说集《观察》，其中收录了 18 篇作品。

1912 年是卡夫卡创作的爆发期，成名作《变形记》《判决》在这一年问世。《判决》是卡夫卡最喜爱的作品，作品通过父子之间的冲突，描述了格奥尔格在父亲的专制独裁之下，从自卑、害怕、恐惧到丧失理智，以致投河自尽的悲惨命运，通过抨击父权的霸道影射君主集权制的统治和残暴专制。这个故事看起来荒诞不经，实际上是卡夫卡压抑心态的生动展现。《变形记》是卡夫卡最重要的中篇小说之一，于 1915 年首

① 刘岩．卡夫卡与现代人的生存困境 [J]．承德民族师专学报，2009（1）．

次发表在月刊《白色书刊》上。提起这部作品，很多人首先想到的是格里高尔在一天早上醒来时发现自己变成了甲虫，但是他们不知道格里高尔为什么会变成甲虫，于是他们带着自己的好奇心开始阅读，发现其实是讲述了推销员格里高尔·萨姆沙和他的家人之间的故事。

1912年至1924年是卡夫卡创作的黄金时期，这期间他写出了很多中短篇小说：《司炉》（1913）、《在流放地》（1914）、《为科学院做的报告》（1917）、《乡村医生》（1919）、《饥饿艺术家》（1922）、《地洞》（1923—1924）等。《饥饿艺术家》中的艺人把绝食表演作为谋生手段，并宣称自己可以在40天不进食的情况下高声唱歌。骨瘦如柴的艺术家是人性异化、精神展品化和艺术异化的象征，是现代人之间无法相互理解、孤独、痛苦的真实写照。《地洞》是卡夫卡晚期创作中极具代表性的作品。主人公是一只被人格化的鼹鼠之类的小动物，也是卡夫卡的化身。小说用动物喻指人，真实地反映了第一次世界大战期间，普通人时刻笼罩在死神的阴影之下，失去安全感，生活与生命安全得不到保障的恐惧心态。

卡夫卡一生当中只创作了3部长篇小说《美国》《审判》《城堡》，被称为“孤独三部曲”。《美国》又名《失踪者》，是卡夫卡的第一部长篇小说，于1912年至1914年写成。主人公卡尔·罗斯曼是一个16岁的德国少年，因受家中女仆的引诱，致使女仆怀孕生子，被父母赶出家门，放逐到美国。但是小说中的“美国”并不是地理意义上的美国，而是一个象征符号，是作者衷心向往的充满自由与美好的地方。《审判》于1918年写成，讲述的是银行职员约瑟夫·K无故受审并被处死的故事。主人公约瑟夫·K莫名其妙地被捕，毫无罪过却被判处死刑，悄无声息地被处死。“审判”既是对约瑟夫·K的审判，又是对“无罪”的“审判”，还是对“审判”的“审判”。《城堡》是卡夫卡的最后一部长篇小说，也是卡夫卡3部长篇小说中成就最高的一部。卡夫卡于1922年1月开始写这部小说，同年9月因病中止。《城堡》是一部典型的表现主义小说，最能体现卡夫卡的创作风格和特色。主人公K在一天傍晚来到城堡管辖下的一个村子，为了进入“城堡”，他想尽各种办法和官僚权贵进行斗争，直到生命垂危，却始终没能进入。“城堡”是一个虚无的存在，是可望而不可即的纷繁复杂的存在，是卡夫卡可望而不可即的生命的终极目标。遗憾的是，卡夫卡的这3部长篇小说都没有写完，但仍吸引了大量的读者，读者在阅读这些作品的时候，总能从中看到灵魂裸露的卡夫卡，进而看到真实的自己。

在卡夫卡留下的文字中，真正的文学创作，无论是小说，还是散文、随笔，都是为数不多的，他的日记和书信反而占了相当大的比重。在那个通信不发达的时代，孤独、内敛、忧郁、困顿的卡夫卡只能通过给朋友写信、记日记的方式发泄心中的压抑和不快。1910年春，卡夫卡开始记日记，一直持续到1921年。在日记里，卡夫卡不仅记述事件和经历，还撰写文章或小说的草稿。卡夫卡的日记，或长或短，或深或浅，几乎每篇都极富寓意和哲理。卡夫卡的日记是卡夫卡同自己交谈的媒介，是后人了解卡夫卡思想的重要凭证，也是卡夫卡极具艺术价值的作品。

对于卡夫卡，写作是他宣泄自己内心痛苦的管道，是灵魂救赎的方式。卡夫卡不擅长正面沟通，书信成为他表达感情的重要形式，卡夫卡自己也说书信使他愉快、感动、崇敬。目前被保留下来的卡夫卡的书信文字至少有150万字，约占卡夫卡所有出版文字的一半。卡夫卡的书信主要是家书和情书，保存较多的有《致奥特拉》《致父母亲》《致菲利斯·鲍威尔》《致密伦娜》《致马克斯·布洛德》等。家书主要是写给父亲和妹妹，情书主要写给菲利斯·鲍威尔和密伦娜，还有一些写给朋友、亲人和出版社的。这些书信是卡夫卡个人思想的结晶，文学、艺术价值丝毫不逊于其他文学作品。

回归——由荒诞走向真实

卡夫卡是20世纪西方文学史上一颗璀璨的明星，与法国的普鲁斯特、爱尔兰的乔伊斯并称为“现代文学之父”。卡夫卡是表现主义文学运动的先驱，其作品中荒诞不经的生活情境、孤独陌生的异化世界、悖谬矛盾的复杂心理、真实细致的灵魂裸露，常常让读者望而却步。卡夫卡的作品晦涩难读，这是毋庸置疑的，但他独到的见解、深邃的思想、生动的描写，特别是独创的艺术手法，都深深地吸引着每一位热爱他的读者。

在谈论卡夫卡的时候，人们常常把他与20世纪普遍流行的哲学术语“荒诞”联系在一起。卡夫卡在大学时就接触到丹麦哲学家克尔凯郭尔的存在主义哲学思想。存在主义经尼采、海德格尔、萨特三位哲学大师不断完善后，到20世纪中叶形成一股强大的文学思潮，对20世纪西方文学产生了巨大的影响。卡夫卡之所以闻名世界，也和存在主义的繁荣有密切关系。存在主义是一种非理性主义思潮，强调个人的独立自主和主观经验，探讨人的生存处境问题。存在主义学者认为，人不知从哪里来，也不知到哪里去，人的存在本身是荒诞的。存在主义摒除了人一切外在的、社会的、历史的、法律的、宗教的价值法则，重视危机中的个人，强调个人的存在价值。

卡夫卡敏感、自卑、内敛，感觉自己赤身裸体地站在人群中，始终无法融入社会。他常常作为一个“旁观者”，从自己的内心深处去感受生存，思考人类存在的价值和意义，他探寻得愈深，发现这个世界愈荒诞。荒诞伴随着卡夫卡的一生，特别是他晚年创作的作品中处处充斥着荒诞的思想，《城堡》和《一条狗的研究》都涉及这个问题。在《一条狗的研究》中，卡夫卡这样写道：“我觉得在这种荒诞的生活中，最荒诞的事情也比正正经经的事情要可信，并且对我的研究特别有利。……‘空中狗’便是如此。我坚信它们的存在。它们在我

卡夫卡肖像

黄金巷大门

的世界观中占有重要的地位。”[①]

普通读者在读卡夫卡作品时，常常有一种陌生感，哲学上称之为异化。异化最早出现在 19 世纪德国哲学家黑格尔、费尔巴哈、马克思的理论中。马克思批判地继承了黑格尔和费尔巴哈的思想，认为异化是物对人的统治，是死的劳动对活的劳动的统治，是产品对生产者的统治。异化现象是由社会化的机器大生产造成的，随着经济的发展和科学技术的进步，人类创造的一切文明成果都在向人类期待的方向反向转化，导致人类陷入更加严峻的精神危机和生存困境。人与人之间的矛盾冲突日益加剧，外在世界与内心世界的碰撞日渐频繁，在这种矛盾冲突中，人越来越看不清自己，越来越难以融入周围的环境，逐渐变得陌生、孤独、恐惧、压抑，找不到归属感。

卡夫卡虽然在理论上对异化没有发表过任何看法，甚至没有接受过

① 吴金涛．卡夫卡小说荒诞美学的系统生成 [J]．名作欣赏，2010（36）．

异化思想，但他的犀利目光和敏感心灵较早地感知到了世界的危机和困境。他发现世界是陌生、孤独和荒诞的。所以他在创作文学作品的时候，或者说在展现这个异化世界的时候，常常从日常生活出发，选取其中熟悉的事件，将它们变得让人感到怪异和陌生，以此猛烈撞击人的心灵，让人在惊诧好奇的同时，思考自己的命运。正如在《变形记》中，普通职员格里高尔每天兢兢业业地工作，在他可以为家里赚钱的时候，父母喜欢他，妹妹爱戴他。有一天早晨醒来，他突然发现自己变成了甲虫，无法养家了，他的家人对他的态度马上发生了巨大的变化，甚至盼着他早点死去。变形之后的格里高尔虽然惨遭厄运，但是他终于摆脱了忙忙碌碌、压力巨大的工作，开始思考自己存在的价值和意义，并在思考的过程中感受到世界的冷漠。

悖谬是卡夫卡文学创作中经常运用的艺术手法，悖谬思想充斥于卡夫卡的作品中。理想与现实之间的矛盾始终存在，就像人们在现实生活中，无时无刻不经历着目标与行为的背离，行为与结果的背道而驰，这种矛盾让人充满痛苦和纠结。卡夫卡的世界就是这样的一个世界：一边是荒诞，一边是严肃；一边是绝望，一边是抗争；一边是死亡，一边是拯救；一边是失望，一边是希望，到处都是荒诞，到处都是悖谬。无论是《城堡》《地洞》《审判》《变形记》《判决》，还是《乡村医生》，卡夫卡的作品中，这种悖谬随处可见。

在《地洞》的开篇，卡夫卡就运用了悖谬式的艺术手法，展示了主人公的劳而无功，呈现了一个真实与梦幻交织的矛盾世界。《地洞》开篇这样写道：他造好了一个蛮不错的地洞，这个地洞安全系数特别高，万无一失。但很快小动物在看到地洞入口时，就发现万无一失的地洞有一个致命的缺口，原来覆盖洞口的苔藓太薄了。本来这是以防敌人入侵时的一个逃命的出口，所以不用泥土封口，但是现在看来它很有可能使自己丧命。地洞就是一个迷宫，小动物不厌其烦地介绍迷宫里的情况，这个迷宫无论从设计还是从建筑方面都匠心独运、无可挑剔，小动物把它设计得完美无缺，但是他内心依然恐惧，即使如此精妙的设计也让他坐立不安，他不断地排除隐患，不断努力，虽然这种努力是没有必要的。

荒诞不经的情节安排，杂乱无章的故事线索，寓意深邃的文学语言，独具特色的艺术手法，常常让阅读卡夫卡作品的读者困惑不解。但是卡夫卡却凭借这些作品成为20世纪现代主义文学的奠基人，最根本的原因在于作品的真实性。

泰戈尔说："寂静在喧嚣里低头不语，沉默在黑夜里与目光结交。于是，我们看多了世界，却说世界欺骗了我们。"庆幸的是，卡夫卡通过敏锐的目光帮我们观察到了，他将观察到的真实的生活、感受和体验付诸笔端，融入作品之中，从荒诞不经走向真实。作品是他内在情感的真实流露，无论是《审判》里的约瑟夫·K，《城堡》里的K，还是《美国》里的卡尔·罗斯曼，《判决》里的格奥尔格，《地洞》里的小鼹鼠，读者常常可以从作品中看到K（Kafka是卡夫卡的德文名字），看到卡夫卡的影子。

超越——从默默无闻到享誉世界

作为一个世界级的文学家，卡夫卡生前默默无闻，死后才享誉世界。在欧洲文学界多次举办的20世纪最重要的10位作家评选中，卡夫卡经常名列前3位。卡夫卡的美学世界中，既有对怪诞和神奇的描绘，也有对梦幻的追求和象征、譬喻的运用；既有对荒诞的表达，又有对黑色幽默的尝试。卡夫卡受到众多现代主义文学流派的推崇，存在主义、表现主义、荒诞派戏剧、黑色幽默，以及超现实主义，都试图在卡夫卡作品里汲取营养。但令人遗憾的是，卡夫卡生前发表的作品很少，他的大多数作品（包括3部未完成的长篇小说）都是在他去世后，由好友马克斯·布罗德编辑出版的。

卡夫卡于1924年去世，他的作品从20世纪30年代后期开始引起西方文坛关注。1950年出版的《卡夫卡文集》，在英国、法国、美国等地产生了巨大影响，此后影响力扩大到拉丁美洲、亚洲和非洲。卡夫卡

黄金巷

的作品不仅被选入很多国家的中学及大学教材，而且被翻译成的语种和版本越来越多，研究和阅读卡夫卡的人也越来越多，卡夫卡成为世界上最有影响力的作家之一。

德国诗人赫尔曼·黑塞、法国作家阿尔贝·加缪、阿根廷作家博尔赫斯、捷克作家米兰·昆德拉、美国作家奥登……都给予了卡夫卡极高的评价。博尔赫斯说："最初我认为卡夫卡是文坛前所未有、独一无二的；看多了他的作品之后，我觉得在不同的国家、不同时代的文学作品中辨出了他的声音，或者说，他的习惯。"①

由于种种原因，我国读者对西方现代文学包括卡夫卡的接触较晚。中国于 20 世纪 80 年代开始陆续出版卡夫卡的作品。莫言、余华、格非、马原、宗璞、皮皮、蒋子丹、刘索拉、徐星、残雪等一批小说家都受到他的影响。莫言在谈到卡夫卡对自己的影响时说，卡夫卡的《乡村医生》

---

① 博尔赫斯．巴比伦彩票［M］．王永年，译．昆明：云南人民出版社，1993：252．

所具有的“独特的腔调”给了自己营养,并说这是一篇“最为典型的‘仿梦小说’,也许他写的就是他的一个梦。他的绝大多数作品,都像梦境。梦人人会做,但能把小说写得如此像梦的,大概只有他一人”。①

卡夫卡被认为是20世纪现代主义文学的鼻祖,是20世纪表现主义文学的代言人,但如果给卡夫卡简单地贴一个“表现主义大师”的标签,那就大错特错。卡夫卡之所以成为卡夫卡,受到众人追捧,完全在于作品的独特性和不可替代性。扎东斯基说:“卡夫卡是根本不能被模仿、不能被继承的。他的人物世界是过于主观了,他的创作风格是过于独特了,他作为艺术家是跟特定时代的种种错误、缺点和毛病联系得过于紧密了,尽管这个时代跟我们的时代隔得并不太远,但它已经是一去不复返地成为历史了。”②卡夫卡以自己生活中积淀的酸甜苦辣描绘了五彩斑斓的奇特世界。他的写作恰到好处地触及生命的痛处,构建了一个忽明忽暗、似有若无的世界,通过他的作品,每个迷茫困顿的读者都能找到自己的出路。

(撰稿:王真)

---

① 莫言. 锁孔里的房间[M]. 北京:新世纪出版社,1999:2.

② 扎东斯基. 卡夫卡与现代主义[M]. 洪天富,译. 北京:外国文学出版社,1991:134.

参考文献

博尔赫斯．巴比伦彩票 [M]．王永年，译．昆明：云南人民出版社，1993.

刘岩．卡夫卡与现代人的生存困境 [J]．承德民族师专学报，2009（1）.

莫言．锁孔里的房间 [M]．北京：新世纪出版社，1999.

吴金涛．卡夫卡小说荒诞美学的系统生成 [J]，名作欣赏，2010（36）.

雅努施．卡夫卡对我说 [M]．赵登荣，译．长春：时代文艺出版社，1991.

叶廷芳．卡夫卡全集 [M]．孙龙生，等译．石家庄：河北教育出版社，1996.

扎东斯基．卡夫卡与现代主义 [M]．洪天富，译．北京：外国文学出版社，1991.

曾艳兵．法门内外——论卡夫卡的《诉讼》[J]．湘潭大学学报，2004（5）.

曾艳兵．20 世纪外国文学史 [M]．北京：中国人民大学出版社，2014.

赛珍珠

大西洋西岸有一座拥有悠久历史和自由精神的城市，1774 年到 1776 年，两次大陆会议在这里的独立宫召开，13 个英属美洲殖民地的代表汇聚此地，通过了《独立宣言》，自由钟的钟声敲响，美利坚合众国于此诞生，这便是费城。费城不仅因它的历史意义而闻名，更因生活其间的历史名人而增光添彩。政治家、发明家、作家本杰明·富兰克林在这里开印刷所，办报纸，结交总督和地方名人，创办大学，并在 1790 年逝世于此。美国历史上第一位女性诺贝尔文学奖得主——赛珍珠也于此处度过了后半生。

在费城，赛珍珠开始了她的第二段婚姻。获得了诺贝尔文学奖的同时她笔耕不辍，创作出一系列反映中国近现代社会的小说。她和丈夫沃尔什一同接手了《亚洲杂志》，向美国人民述说亚洲的风土人情，创办了致力于沟通东西方文化的东西方联合会，并为被抛弃的亚裔和混血裔儿童设立收容机构“欢迎之家”。赛珍珠离世后，她生前创办的众多慈善组织合并成“赛珍珠国际”，继续发光发热。这个传奇女性给费城悠久的历史添了浓墨重彩的一笔。她的仁爱之心和慈善精神，促进了这座“兄弟之城”“友

赛珍珠故居纪念馆（美国费城青山农场）

爱之城”包容友善的城市精神的发展。如今，因为有赛珍珠故居纪念馆的存在，每当人们来到费城游览，柏卡西小镇都会成为他们驻足停留的一站。

1934 年，赛珍珠回到美国定居，在费城的柏卡西小镇看中了一处背靠农场、绿荫环绕的建筑，这幢房子的石头墙壁刚好符合她记忆中的中国建筑风格。屋外的景色也让她十分满意，从窗户往外看去，树荫下的池塘里游弋着尾尾金鱼，鸭子在池塘里戏水，偶有苍鹭翩翩而至。赛珍珠在自传《我的几个世界》中提到,这让她想起幼时生活的中国乡间。书房里摆放着中式木椅、紫檀木桌，桌子上放着台灯和打字机，恰如古老的东方文明与西洋科技的碰撞，两面墙壁被改造成书架，摆满了书。起居室里，银样镴质花碗端放在壁炉上，隔着中间的浅色中式木椅和木桌，中国茶具和青花瓷摆件被放在另一侧的柜子上供人观赏。房间里的大小物件都在静静地诉说着主人的中国情怀。

赛珍珠给这里取名“青山农场”，在后半生的 40 年时光里，这座农场记录着她不懈创作的身影，回荡着她款待来自五湖四海的朋友时的爽朗笑声。1973 年，她逝世之后，这里变成了赛珍珠故居纪念馆，接待来自世界各地的游客。

在众人眼中，赛珍珠是一个爱穿中国旗袍、不懂美国俚语、满头银发、精神矍铄、温柔优雅的老妇人。然而就是她，成为美国历史上第一位诺贝尔文学奖的女性得主，也是唯一一个用英语书写中国题材故事而获得诺奖的作家。她还是仅有的同时获得普利策小说奖和诺贝尔文学奖的女性作家。

赛珍珠的作品被翻译成多种语言传播到世界各地。她笔下的中国故事，让一代又一代外国读者接触到近现代中国的真实面貌，从而对中国生出一份亲近之意。抗日战争期间，她通过作品和演说表达对中国人民的同情与支持。周恩来总理曾在 1942 年表示："赛珍珠是著名小说家，是最了解中国的美国人，对中国人民怀有深厚感情，在抗日战争方面她

故居后的小花园

同情中国，是中国人民的朋友。”①

不仅写作事业成就颇丰，赛珍珠还对民权活动、慈善事业和东西方文化交流充满热忱。她成立的“欢迎之家”、东西方联合会，在她离世后依旧为收容被抛弃的亚裔和混血裔儿童、促进东西方文化交流方面发挥作用。尼克松总统亲切地称她为“一座沟通东西方文明的人桥”，极大地认可了赛珍珠为沟通东西方文明作出的贡献。

中国长大的洋娃娃

1892 年，来中国传教的美国传教士赛兆祥和妻子凯丽回美国休年假，凯丽在西弗吉尼亚州的父亲家生下一个女孩。在这之前，她已经在中国生下了 4 个孩子，除了大儿子埃德加健康长大，其他 3 个孩子——莫德、伊迪斯和阿瑟都因病离世，因此，这个孩子的出生给赛兆祥夫妇带来了极大安慰。他们给这个孩子取名 Pearl Comfort Sydenstricker，Pearl 是“珍珠”的意思，因此这个女孩的中文名字就叫赛珍珠。4 个月大时，赛珍珠和父母一起坐上了返回中国的游轮。

到达中国后，赛兆祥一家先后在苏州、杭州居住了一两年。1896 年，他们迁到了气候宜人的镇江。赛兆祥忙于传教，凯丽从事社会工作，为家庭妇女解决生活难题。赛珍珠在保姆王妈的精心照看下长大。王妈在战乱中失去了丈夫和孩子，凯丽收留了她，从此王妈成了赛珍珠一家的好帮手，和他们结下了深厚的感情。王妈和佣人们讲述的神话故事、古典小说，茶馆里说书先生的段子，戏班子上演的痴男怨女，是赛珍珠最早的文学启蒙。赛珍珠牙牙学语时说的就是汉语，多年后她提到自己的英文写作是先在脑海中形成汉语，再翻译成英文。不同于居住在租界中

① 吴沛林．熠熠生辉的明珠——中国·镇江纪念赛珍珠诞辰 110 周年活动纪事 [J]．华人时刊，2002（11）．

的外国孩子，赛珍珠从小在乡间玩耍，和中国小伙伴一起长大，她的汉语说得和中国人一样好，中国孩子知道的传统习俗，赛珍珠也都明白。因此在多年后，赛珍珠才能在关于中国题材的写作中细致描绘出中国农村的日常生活和传统习惯。

波澜不惊的平淡生活危机暗藏。19 世纪 90 年代末，百姓们被水患和饥荒折磨，日本和欧洲列强对中国虎视眈眈，人民不堪饥饿和屈辱，在水患严重的华北地区最先爆发了义和团运动，将矛头指向国内的外国人，即使他们是无辜的传教士和商人。赛兆祥在去乡村传教的路上屡次遭到殴打和辱骂，有一次他浑身伤痕，只穿着贴身衣物回到家。义和团运动愈演愈烈，传教士家庭和基督教徒的生命安全受到威胁，形势更加危急。1900 年，赛兆祥送家人前往上海避难，而他孤身一人回到镇江，继续传教。1901 年 6 月 8 日，9 岁的赛珍珠随父母由上海乘轮渡回美国暂避风头。

赛珍珠回到了她的出生地——西弗吉尼亚州的外公家。坐落在山脚下的房子刷着白漆，安静而整洁。门前站着外公、舅舅、舅妈、姐姐，还有大哥埃德加——他 15 岁时独自离开中国回美国念书，如今已结婚生子。尽管家人都热情友善，赛珍珠也和同龄的表妹格蕾丝成了好朋友，但她还是感到无所适从。在中国浸润太久，短暂的探亲时间并不能让她彻底适应美国生活。“‘她感觉自己不是美国人’，她表妹格蕾丝说，‘这让她感到很不适应。她从来没有感觉到自己属于这里……她感觉自己像个怪物。’”①

1902 年，赛珍珠一家回到镇江，秀才孔先生成了赛珍珠的老师。每天上午，凯丽为赛珍珠补习英文和西式课程；下午两点，孔先生准时到达赛珍珠家，为她讲解中国传统文化。赛珍珠从小就同时接受中国传统思想与西方近现代思想的教育。1905 年，孔先生感染霍乱离世。短

① 斯波林．埋骨：赛珍珠在中国[M]．张秀旭，靳晓莲，译．重庆：重庆出版社，2011：31．

故居外景

短的3年教育，却让儒家思想伴随了她的一生。孔先生曾对赛珍珠说："让你的行为是儒家的，让你的情感和思想是道家的。"[①]"从孩提时期起，孔子就影响着我的思想，我的行为，我的个性。孔子是我的参考系。"[②]赛珍珠一生都遵循孔先生的教诲，既让自己的言行合乎规范，又"学会以自己的方式去随我所愿，自由而有创造性地感受"[③]。

长大后，"天下为公"成为赛珍珠的座右铭——人人都应该拥有平等的权利。她的后半生为了能让不同族裔的美国人获得和普通公民同等的权利而四处发声，为了让亚裔和混血裔儿童能像普通孩子一样拥有温馨家庭而奔走呼告。她坦言："我在中国度过的四十年中，一直有意识地注视着世界，尤其是美国正在发生的一切。我从小就懂得了应该把地球上的各个民族，无论我知道与否，都看成一个大家庭内不同的成员，

① 斯波林．埋骨：赛珍珠在中国[M]．张秀旭，靳晓莲，译．重庆：重庆出版社，2011：46.
② 陈敬．赛珍珠与中国——中西文化冲突与共融[M]．天津：南开大学出版社，2006：43.
③ 斯波林．埋骨：赛珍珠在中国[M]．张秀旭，靳晓莲，译．重庆：重庆出版社，2011：46.

这种观点是孔先生最早灌输给我的。"[①]1930年，赛珍珠着手翻译《水浒传》，将书名译为*All Men are Brothers*，意为"四海之内皆兄弟"，这句话来自《论语·颜渊》"君子敬而无失，与人恭而有礼，四海之内皆兄弟也！君子何患乎无兄弟也"[②]。"四海之内皆兄弟"表达了赛珍珠希望各个国家的人民能够友好相处的和平心愿。

狄更斯是赛珍珠少女时代的另一位良师。7岁时，赛珍珠在父亲的书房里找到一本《雾都孤儿》，从此她时常翻阅狄更斯的著作，跟随他进入五光十色的社会场景，她的心绪随命途坎坷的主人公们跌宕起伏。对世事冷暖、人性善恶的过早领会，让年幼的她萌生了书写人生的念头。

孔先生去世后，赛珍珠先在庐山牯岭的美国教会学校学习了3年，随后在上海朱厄尔女子教会学校度过了1年寄宿生活。在上海，教会学校的校长朱厄尔小姐带着赛珍珠去"希望之门"（慈善机构办的妓女教养所）帮忙。这里救助的大多是遭遇过不幸的妓女或女仆，她们有的不

故居窗户

① 赛珍珠．我的中国世界：美国著名女作家赛珍珠自传［M］．尚营林，张志强，李文中，等译．长沙：湖南文艺出版社，1991：375．

② 钱穆．论语新解［M］．上海：生活·读书·新知三联书店，2002：329．

堪家中少爷的强暴而出逃，有的被人贩拐卖甚至被家人卖给妓院，精神和身体都遭遇了巨大的伤害。赛珍珠能说一口流利的汉语，因此她们把自己的苦难遭遇说给她听。多年后，当赛珍珠描写中国农民的生活时，她没有遗忘这些苦难的女性。她的笔下有勤劳能干的女仆，也有为了保护同伴牺牲自己的善良妓女，她用笔记录了日军的侵华暴行，也记录了中国人民的奋力抗争。

如果不是赛珍珠的母亲凯丽坚持让女儿接受大学教育，就没有这位美国历史上第一位女性诺奖获得者的荣耀。执着而顽固的赛兆祥把一生的心血都倾注在传教和翻译通俗版《圣经》的中译本上，本就不多的薪水扣除他自费翻译与打印的费用后，只能勉强维持一家人的生活。即使这样，凯丽每月仍会攒下一些钱留作女儿上大学的教育基金。在凯丽的坚持之下，赛珍珠申请到美国弗吉尼亚州伦道夫—梅肯女子学院读书的机会。

1910 年，赛兆祥一家人陪同赛珍珠经由欧洲返回美国上学。起初，赛珍珠难以适应在美国的生活,感觉自己像个异乡人。从小在中国长大，赛珍珠对哺育她成长的大地和人民充满了热爱，然而在近代中国残酷的社会现实中,人们对帝国主义列强的愤怒转嫁到许多无辜的外国人身上，让赛珍珠感到这并不是她真正的故乡。在美国，中国式的思维和习惯又让赛珍珠感到她与美国格格不入。

大学生活并非一切顺利。赛珍珠入住女生宿舍后，姑娘们争先恐后来围观“那个来自亚洲的怪人”，对她的中式长裙指手画脚，这让赛珍珠伤心不已。在日后和同学深入接触后，她越来越发现人们对于毫不了解的亚洲充满了可笑的偏见。之后的 4 年中，她努力地融入群体，成了班里的活动组织者、社团里的活跃分子，同时她坚持写作，大四那年，她赢得了学校的最佳故事奖和最佳诗歌奖。多年后，她和大学时期的亲密女友重聚时，她们还提起赛珍珠当年作为校园风云人物的辉煌时光，在那时她已崭露头角。

书写中国的西方人

1914 年 6 月，赛珍珠大学毕业，留在母校开始了助理研究员的工作。此时，却有一封书信从中国传来，母亲重病，需要她立刻回去。赛珍珠立即和美国教会协会取得联系，谋得了去中国学校教书的机会。收拾妥当后，赛珍珠启程返回她生活了 18 年的中国。为了让病情恶化的母亲获得更好的疗养条件，赛珍珠陪她前往江西庐山的牯岭——她们多年的避暑之地。

1916 年夏天，赛珍珠在牯岭邂逅了她的第一任丈夫约翰·洛辛·布克。洛辛毕业于康奈尔大学乡村经济专业，曾和胡适是同学。洛辛刚到中国不久，在南京北部的一个传教站工作，一心想在中国进行土地试验。当时的赛珍珠和洛辛是一对众人艳羡的情侣，朋友们都觉得他们般配极了，唯独赛兆祥和凯丽对两人的未来抱有一丝忧虑，他们担心洛辛和赛珍珠知识背景不同，未来会产生很多分歧。尤其是在赛兆祥看来，农学根本不是什么正经学科。赛珍珠并没有把家人的意见放在心上。1917 年 5 月，两人在赛家的花园举行了婚礼，身着婚纱、手持捧花的赛珍珠看起来格外美丽，她和高大帅气的洛辛并肩站在连廊下，镜头前两人开怀大笑，没有人会怀疑他们将是一对幸福的夫妻。

婚后，赛珍珠便同丈夫前往安徽北部的南徐州城（今安徽省宿州市）进行土地调研，开始了她在这座华北小城的生活。利用自己的语言优势，赛珍珠协助丈夫进行农业调查，在与当地农民打交道的过程中，她深刻地了解了他们的生活。赛珍珠说：“在南徐州城居住的时间越长，我就越了解那些住在城外村庄里的穷苦农民，而不是那些富人。穷人们承受着生活的重压，钱挣得最少，活干得最多。他们活得最真实，最接近土地，最接近生和死，最接近欢笑和泪水。走访农家成了我自己寻找生活

故居正门

真实的途径。在农民中，我找到了人类最纯真的感情。”①

赛珍珠深深地感受到中国农民身上的智慧，对他们善良的内心和对现实的感悟佩服不已，同时她也看到了他们身上背负着生活的重担。“我觉得，占中国人口百分之八十五的农民是人类的优秀分子，然而，他们由于目不识丁而不被人注意，这简直是人类的一大损失。他们充满了魅力，宽宏大量……在中国生活的几年中，我看到中国农民由于背上驼负了连牲畜也难以承受的重担，他们富有智慧的脸上布满了辛劳的皱纹。”② 在赛珍珠 1931 年出版的小说《大地》中，人们看到一个耕种了一辈子、对大地怀有深深眷恋的农民王龙和他一生的酸甜苦辣，这些真实的记录都来自赛珍珠在中国各地的所见所感。

1919 年 9 月，洛辛由于资金中断无法继续农业试验，此时他接到了刚成立的金陵大学（今南京大学）抛来的橄榄枝，受聘为农学院教授，赛珍珠随丈夫开始了在南京的生活。1920 年 3 月，赛珍珠生下女儿卡洛尔・格蕾丝・布克。不久之后，她因子宫良性肿瘤重返美国，做了子宫切除手术，丧失了生育能力，这对喜欢孩子的赛珍珠而言是一个沉重的打击。1921 年 10 月，辛劳了大半辈子的母亲凯丽在睡梦中离世。在凯丽被病痛折磨的最后几年中，她和赛珍珠几乎无话不谈。在赛珍珠的

---

① 赛珍珠．我的中国世界：美国著名女作家赛珍珠自传[M]．尚营林，张志强，李文中，等译．长沙：湖南文艺出版社，1991：156．

② 赛珍珠．我的中国世界：美国著名女作家赛珍珠自传[M]．尚营林，张志强，李文中，等译．长沙：湖南文艺出版社，1991：285．

身上，有凯丽热爱生活、精力充沛的性格印痕，凯丽的离去让她悲痛不已，从此世间再无那个教会她坚毅勇敢的女人了。

母亲去世后的一天下午，赛珍珠坐在窗前，一个念头在她脑海中浮现出来：为什么不把凯丽的故事记录下来，留给我的孩子看呢？就这样，赛珍珠写出了她的第一部作品，记录凯丽一生的传记——《异邦客》。作品完成后便被赛珍珠束之高阁，直至15年后才得以出版。本想留给女儿了解外婆的书稿却注定永远无法被卡洛尔阅读，反而给了世人一个契机，去了解19世纪末远赴中国的传教士家庭中一位母亲对待事实的忧愁与达观。

在洛辛教书的同时，赛珍珠也在金陵大学和国立东南大学教授英文。两人在南京居住多年，在今天南京大学的鼓楼校区，仍保留着赛珍珠一家曾经居住过的两层小楼。从1919年洛辛到金陵大学任教，到1934年赛珍珠一家离开南京，他们的大部分时光都在这幢小楼中度过。2012年5月，南京大学在110年校庆暨赛珍珠120周年诞辰之际，赛珍珠故居在原有两层小楼的基础上修缮一新，重新开放。沉寂了近80年，小

故居大厅

楼重新热闹起来，吸引着慕名前来的人们，翻阅这段往事。

1924 年，赛珍珠相继在《大西洋月刊》《论坛》杂志上发表《也说中国》《中国之美》，分别讲述了她在安徽南徐州和庐山牯岭的见闻。文章的发表让她对自己的写作更有信心。赛珍珠原本从未想过当作家，但与生俱来的创作天赋和丰富的生活经历让她有许多话可讲，促使她将自己生活的世界诉诸笔端。她始终怀着一颗仁爱之心关注现实，用一种人道主义的视角讲述她所认识的中国。

尽管对政治不感兴趣，但在当时风云变幻的中国，赛珍珠不得不生活在军阀混战、民生疾苦的大环境下，每个人都被困在动荡的时局中，由不得个人选择。旧的封建政权已倒，袁世凯在完成皇帝梦后因病身亡。孙中山和平统一的政治抱负，三民主义、五权宪法的政治理想使他成为许多百姓心中理想的执政者。赛珍珠十分敬仰孙中山，认为他是一个理想主义者，一个努力改变社会现状的基督教信徒。

1924 年末，夫妻两人决定趁休假时间回美国攻读康奈尔大学硕士学位，并带着女儿卡洛尔前往美国确诊。在游轮上，她写出了小说《一个中国女人说》。回到美国后，卡洛尔被确诊为苯丙酮尿症，因为错过最佳治疗期，余生都将在浑浑噩噩中度过，医生建议家中有个伙伴陪伴卡洛尔以促进她的智力发育，于是赛珍珠领养了女儿詹妮丝。这一年的生活十分不易，赛珍珠不仅要照顾女儿，写稿补贴家用，竭尽所能地节省开支，同时要兼顾学业。在如此忙碌的情况下，赛珍珠凭借《中国与西方》一文赢得了康奈尔大学研究生奖学金。

1927 年 3 月 24 日，“南京惨案”的发生导致南京城内的白人遭受排外风暴，赛珍珠和家人踏上了经由上海返回美国的轮船。回顾短短两三天里发生的变故，赛珍珠突然感到前所未有的轻松，这是一种失去一切之后只能无所作为的轻松，与之相伴的是离开故土和朋友们的空虚与失落。赛珍珠说：“我突然失去了赖以生存的大地，被连根拔起，而且再也不会这么深地扎下自己的根了。”[①] 在轮船上，赛珍珠一家决定前往日本长崎海滨的山中休养几个月，而父亲赛兆祥则决定独自去朝鲜考察传教情况。长崎山中静谧的绿林、舒适的温泉、清淡爽口的饭菜、安静的日本农妇，让遭受惊吓的赛珍珠一家渐渐恢复活力。

1927 年 10 月，赛珍珠一家回到上海。1928 年 6 月，在洛辛的坚持之下，一家人重新回到南京。1929 年，赛珍珠将女儿卡洛尔送往美国新泽西州的一家小型私人护理机构——瓦斯兰特殊教育学校。赛珍珠十分认可这所学校倡导的人性化教育理念，尽管如此，她还是和卡洛尔难分难舍，但赛珍珠一家的收入不足以让她同时留在美国，她只能怀着与亲生骨肉分离的无限伤痛回到中国。多年之后，赛珍珠发表了描写她和卡洛尔的随笔《永远长不大的孩子》，展现了她作为知名作家的光鲜背后还是一位“长不大的孩子”的母亲的心路历程。

1923 年 4 月，赛兆祥来到赛珍珠南京家中。此后的几年里，赛珍珠渐渐发现，父亲与她有很多的相似之处，他们都对中国文化充满热忱，喜欢说汉语，喜欢阅读中文书籍……父女二人达到了从未有过的亲密。无数个夜晚，赛兆祥向女儿敞开心扉，谈起尘封已久的往事，表现了他的另一面。这一切被记录在赛珍珠所写的传记《战斗的天使》中，从中人们可以了解到一个表面顽固淡漠的传教士，对传教事业的坚守和对中国的热爱。

赛珍珠一生著有 76 部有关中国题材的小说，还曾以笔名发表有关美国题材的小说 5 部。从踏上创作之路那日起，赛珍珠始终以敏锐的观察、饱满的热情从生活中汲取灵感，投入创作。她“与他们共度所有的兴衰变迁，共度丰收年景和饥荒年头，共度革命的流血动乱，共睹乌托邦的谵妄”[②]，在中国度过的前半生给了她无穷无尽的灵感，中国是她的

---

① 赛珍珠．我的中国世界：美国著名女作家赛珍珠自传［M］．尚曹林，张志强，李文中，等译．长沙：湖南文艺出版社，1991：285．

② 刘硕良．诺贝尔文学奖授奖词和获奖演说［M］．南宁：漓江出版社，2013：203．

故居大厅一隅

根。在中国停留的最后几年，是赛珍珠创作的高产时期，《大地》《儿子们》、英译本《水浒传》等均在这段时期完成并出版。

赛珍珠的小说出版并非一帆风顺，在她灰心丧气之时，一家名叫约翰·戴的出版公司表示对她描写的中国题材很感兴趣。此后，约翰·戴公司相继出版了赛珍珠的《东风·西风》《大地》《年轻的革命者》等多部小说。持续攀升的销售量不仅让原本经营惨淡的约翰·戴公司起死回生，也让赛珍珠成为美国家喻户晓的畅销书作家。赛珍珠的中国题材小说逐渐赢得了美国的读者市场，从此赛珍珠不再仅以文字纪录心事，而是将中国的故事讲给更多人听。

赛珍珠的作品在美国越来越受欢迎，代表作《大地》连续两年蝉联畅销书榜首。凭借这本书，赛珍珠于1932年获得普利策小说奖——美国最权威的文学奖之一。这本畅销全美的著作诉说了农民王龙一生的酸甜苦辣，描绘了中国土地上的种种真实场景——千年相袭的宗教思想、风俗习惯、生产方式、家庭制度以及贫富悬殊的生活，同时将中国的传统习俗、百姓观念融入叙述中，将中国人的土地情结和家庭观念展示得淋漓尽致。作品出版时，恰逢美国的经济危机，同样被愁云笼罩的美国读者对主人公王龙经历灾荒的遭遇感同身受，他们欣赏主人公始终不离土地的奋斗精神，作品一经推出便大受欢迎。

但在大洋彼岸的中国，赛珍珠的作品却备受争议。1933年，中国学者江亢虎和祝秀侠分别在《纽约时报》《文艺》上发表文章，“从维护祖国和人民的伟大形象出发，否定了《大地》对‘丑陋’的细节描写”[①]。文学理论家胡风、作家鲁迅和茅盾也都曾指责《大地》对中国社会的描写不够真实。胡风认为《大地》的情节设置是离奇的，农民通过土地和“抢大户”发家致富，没有反映现实中农民悲剧的本质；鲁迅认为，赛珍珠的立场不过是生长在中国的女传教士的立场；茅盾也认为赛珍珠对现代农民形象的塑造并不真实。这种种批判不仅因为赛珍珠的作品的确在一定程度上忽略了对反帝斗争和阶级斗争的描写，也因为当时我国的文学批评被政治标准和艺术标准所局限，无法对作品做出完全客观的评论。时过境迁，如今赛珍珠的作品已经得到中国学界的认可，有大批的学者研究赛珍珠，《大地》也真正在它所描绘的土地上得以流传。

事业蒸蒸日上的同时，赛珍珠越来越觉得她与丈夫洛辛的感情生活索然无味。洛辛痴迷工作，没有半点生活情趣，也丝毫不喜欢文学与艺术，与赛珍珠难以找到共同话题。1932 年 6 月，赛珍珠回到美国，这

故居餐厅

① 姚锡佩. 论赛珍珠的《大地》三部曲[J]. 外国文学研究，1996（03）.

时她已成为万众瞩目的文坛巨星，各种演讲和交际活动让她措手不及。约翰·戴公司的作家经理人理查德·沃尔什适时出现，缓解了她在社交事务上的尴尬。赛珍珠的写作天赋和人格魅力深深地吸引了沃尔什，沃尔什的耐心细致也让赛珍珠心生感激，两人迸发出爱情的火花。两年后，洛辛夫妇和沃尔什夫妇各自离婚，随即赛珍珠与沃尔什结为夫妻。沃尔什帮助赛珍珠处理世俗事务，为她营造洁净的创作空间，让她可以没有杂念，专心写作。赛珍珠很珍惜她的第二段感情，他们领养了4个孩子，这个幸福家庭中充满了孩子们的欢声笑语。

1938年，一个跨国电话打进青山农场，告知赛珍珠她获得了诺贝尔文学奖的好消息。多年来的创作终于得到了权威的肯定，赛珍珠难以置信，兴奋不已，她与沃尔什一同远赴瑞典参加颁奖典礼。颁奖嘉宾肯定了赛珍珠在促进东西方人民情感交流方面作出的贡献。“今年的奖金授给赛珍珠是由于她的著名作品为人类的同情铺路，这种同情跨越了远远分开的种族边界”[①]，其作品“对中国农民生活丰富而真实的史诗般的描写……为西方世界打开一条路，使西方人用更深的人性和洞察力，去了解一个陌生而遥远的世界”[②]。

在瑞典皇室的宴会上，赛珍珠当众表达了对中国和中国人民的深厚感情。“我还应该以完全非正式的方式提一下中国人民。多少年来，他们的生活也曾经是我的生活，以后永远是我生活的一部分。这一点不讲出来，我总会感到于心不安。我的祖国与我的第二祖国中国，其人民的心灵在很多方面有相通之处，其中最重要的是，他们都酷爱自由。这一点在当今中国比以往任何时候都更加真实。全体中国人民目前正在进行着有史以来最伟大的斗争——争取自由的斗争。我从未像现在这样对中国充满了敬仰之情，因为我看到了她正在团结她的各族人民向威胁其自

① 刘硕良．诺贝尔文学奖授奖词和获奖演说[M]．南宁：漓江出版社，2013：207．

② 斯波林．埋骨：赛珍珠在中国[M]．张秀旭，靳晓莲，译．重庆：重庆出版社，2011：封底．

由的入侵之敌进行着殊死搏斗。这种争取自由的决心，深刻地讲，正是中国人的基本特性，有了它，我深信，中国是不可战胜的。”①

赛珍珠不仅表达了对中国人民抗战的支持，还把自己的获奖归功于中国小说对她的滋养，“通过赛珍珠在这一特殊场合的热情介绍，中国光辉灿烂但鲜为西方所知的小说传统第一次得以昂首展示在西方文化精英们面前，并通过媒体的传播为更多西方民众所了解”②。

中国人民的老朋友

从 1934 年回美国定居到 1973 年离世，赛珍珠再也没有踏上过儿时的故土，但她对中国的思念之情从未停止，“我在宁静的美国农庄里深居简出，心中却依然想念着我的另一个祖国”③。20 世纪三四十年代，中国发生了日新月异的变化，赛珍珠通过中国友人的书信了解到这一切。赛珍珠通过这些材料，再一次在书写中接近中国，再现中国。

1935 年，“大地三部曲”（包括《大地》《儿子们》《分家》3 本小说）出版，赛珍珠通过这一系列作品塑造了一批层次丰富的、真实的人物形象，完整地再现了抗战时期中国百姓的生活，进一步表达了她对中国的感情。赛珍珠营造的世界和人物是真实可感的，《大地》中农民王龙的形象是中国千百年来面朝黄土背朝天的农民形象的集中展现。

王龙贫穷正直，热爱土地。灾荒年间，王龙与家人前往南方避灾时，意外收获了一笔钱，回来后通过收购大户人家的地发了家。即使在成为地主后，他依旧渴望在田间耕种，耕种让他感到自己的生命是完整的。临死前，他最放心不下的也是土地，唯恐三个儿子将土地卖了，土地就

---

① 赛珍珠．我的中国世界：美国著名女作家赛珍珠自传［M］．尚曹林，张志强，李文中，等译．长沙：湖南文艺出版社，1991：389.

② 刘海平．赛珍珠与中国［J］．外国文学评论，1998（01）.

③ 赛珍珠．我的中国世界：美国著名女作家赛珍珠自传［M］．尚曹林，张志强，李文中，等译．长沙：湖南文艺出版社，1991：376.

故居外景

是他的根，是他一生的信仰。

《大地》在 1937 年被好莱坞改编为电影，这是中国题材电影在美国荧屏的首次亮相。影片忠于原著，真实展现了农民王龙一家人的生活，如其所是地展现了中国农民形象。

赛珍珠塑造的人物形象是多面的、矛盾的。在《分家》中，赛珍珠把笔触重点放在对青年王源的描写上。他屈从于父亲的权威，对土地充满由衷的热爱，对贫穷的百姓充满同情。在他发觉外国人对中国的错误认知后，决心做一个中国人的代表，告诉他们中国的现代与进步、光荣与富有，因此他又犯了过分美化祖国的幼稚错误。小说中的王源接受西方教育后，对中国贫穷落后的现状和百姓的蒙昧软弱感到不满，但那些依靠家中资助去国外接受先进教育、自以为是新新人类的“聪慧青年们”，又怎能理解长久以来受人压迫、习惯了逆来顺受的农民们的生活呢？有太多他们不曾遭受的苦难和不能理解的现实。赛珍珠通过与青年知识分子的接触，在作品中深刻地刻画出他们的心态，展现了在近代中国内忧外患的现实背景下，受到西方文化冲击的青年知识分子的形象。

赛珍珠希望通过她的作品，让美国读者理解中国人在反抗外敌入侵时做出的努力，窥见中国水深火热的现实，从而伸出援手。1937年抗日战争全面爆发，赛珍珠走上街头，在公共场合发表讲演，奔走呼号，宣传募捐，她渴望将自己深爱的中国人民和她眷恋的故土从枪林弹雨中解救出来。1942年，反映南京大屠杀前后农民生活与抗争的小说《龙子》出版，同年出版的还有赛珍珠的演讲集《美国的统一与亚洲》。在此之前，赛珍珠已经多次在公开场合发表演讲，宣传她的种族平等思想。

赛珍珠在中国时与当时很多中国文人都有往来，她视中国为故乡，视中国人民为朋友。回美国后，赛珍珠向很多在美国短暂停留的中国人伸出友谊之手。

1941年，赛珍珠和丈夫沃尔什创立了东西方联合会，为东西方知识分子提供交流机会与交流平台，同时他们接手了即将倒闭的《亚洲杂志》，致力于让美国民众了解亚洲的风土人情。

1943年，赛珍珠接待了来自中国的女演员王莹和她的丈夫。在赛珍珠的引荐下，王莹登上白宫的舞台，演唱了中国抗战歌曲，表演了话

故居书房

剧《放下你的鞭子》，宣传中国的抗战形势。在美国的 10 多年，王莹夫妇受到赛珍珠的照顾，与她结下了深厚的友谊。回国后，王莹将这段经历写入《两种美国人》，将仇视中国人的美国人和像赛珍珠一样富有正义感的美国人两种形象诉诸笔下，宣告世人。

1944 年初，赛珍珠在居所招待致力于平民教育和农村建设的晏阳初博士。由晏口述，她着手撰写《告语人民》，倡导二战结束后在全世界范围内推广平民教育。赛珍珠还与林语堂有过一段渊源。长期以来，赛珍珠一直想找到一个可以将中国文化介绍给西方受众的中国作家，当时林语堂常在一些杂志上发表短小精悍的时文。赛珍珠找到林语堂，两人一拍即合，便有了《吾国与吾民》《生活的艺术》等一系列介绍中国文化和生活的书在美国出版。林语堂在国内受挫之际，赛珍珠邀请林语堂一家到青山农场的家中居住。赛珍珠还在老舍和曹禺访美期间热情接待了他们，并在老舍滞留美国时为他提供帮助。

赛珍珠将后半生心血投入慈善事业。她在 1949 年创办“欢迎之家”，帮助无家可归的亚裔和混血裔儿童重新找到温暖的家，她还通过演讲和著述为妇女、智障儿和其他族裔的美国人争取权利。赛珍珠是一位慷慨仁慈而又不失原则的睿智女性，她如此善良，活至 80 岁高龄，用一生践行“四海之内皆兄弟”的人生信条。

1972 年，中美关系回暖，尼克松总统访华。赛珍珠满心欢喜，以为终于可以重回故土。1972 年 2 月 27 日至 4 月 21 日，赛珍珠先后 4 次致函周恩来总理，做好了一切访华准备。与此同时，她重新走入公众视线，在电视台主持了一档《看中国》节目，并向媒体宣布，她马上要回到中国，回国后会完成一部有关当代中国现况的小说。然而，故国之旅终未成行。

“赛珍珠并不是一位政治家，她对中国广大民众的兴趣和对中国人民抗日正义事业的支持只是出于她朴素的个人感情和人道主义精神。”[①]1973年3月6日，赛珍珠带着未能回归中国的遗憾离开了。赛珍珠的骨灰安葬在费城的青山农场，墓碑上镌刻着她生前亲手设计的篆书文字“赛珍珠”，除此别无他物。

结语

这位从中国土地上成长起来的美国作家，用她的文字让世界看到了真正的中国。在赛珍珠生活的时代，一部分外国人对中国人印象很差，影视作品中也多曲解中国人形象，让其作为滑稽的配角出现。而在赛珍珠的作品中，中国人就是主角。她真实地展现了当时中国的社会面貌和淳朴善良的中国农民形象，深刻影响了几代美国人对中国的看法，在中国人形象的“去妖魔化”道路上，她的努力不可小觑。但在她身处的时代，许多人不理解她，有作家认为她的作品过于通俗，其实正是因其通俗性，才成为畅销几十年的佳作。

1998年，美国前总统老布什以个人身份访华，特意来到镇江的赛珍珠故居，他说：“我当初对中国的了解，以至后来对中国产生爱慕之情，就是受赛珍珠的影响，是从读她的小说开始的。”[②]有些与赛珍珠同时代的中国文人并不喜欢赛珍珠，一个外国人，为什么要写中国，既然要写，为什么不写最好的一面。他们怀着种种不好的揣测，即使他们明知那最好的一面并不是最真实的。赛珍珠深刻而敏锐地感受到“是中国农民而不是知识分子代表了中国文化的精华，农民是中华民族生生不息的力量之源”[③]。她将中国的大多数群体——农民介绍给世界各地的读者，让他们对中国和中国人有亲切感。“作为一个外国作家，她以中国人的视角、

---

① 刘海平．赛珍珠与中国[J]．外国文学评论，1998（01）．

② 张小平．中美文化交流的使者赛珍珠[J]．文史知识，2000（12）．

③ 陈敬．赛珍珠与中国——中西文化冲突与共融[M]．天津：南开大学出版社，2006：115．

故居远景

以文化为切入点描写中国农村和城镇的生活”[①],观察和记录着中国近现代社会的变迁。

而今，南京、镇江、上海等地都成立了赛珍珠研究会，每年都会有国内外的学者参加有关赛珍珠其人其作的研讨，她的作品已经得到了中国文学界的认可，而她本人也作为中国人民的老朋友被越来越多的中国读者熟知。

赛珍珠终生怀着人道主义精神,致力于东西方文化交流和慈善事业。绿荫下，她的墓碑上的篆书“赛珍珠”，含蓄而深沉，恰如赛珍珠一生对故土的爱恋。

（撰稿：崔文秀）

① 刘海平．赛珍珠与中国[J]．外国文学评论，1998（01）．

参考文献

陈敬. 赛珍珠与中国：中西文化冲突与共融 [M]. 天津：南开大学出版社，2006.

黄文湘. 赛珍珠的文学世界 [J]. 河南师范大学学报（哲学社会科学版），1995（02）.

刘海平. 赛珍珠与中国 [J]. 外国文学评论，1998（01）.

刘硕良. 诺贝尔文学奖授奖词和获奖演说 [M]. 南宁：漓江出版社，2013.

钱穆. 论语新解 [M]. 上海：生活·读书·新知三联书店，2002.

赛珍珠. 我的中国世界：美国著名女作家赛珍珠自传 [M]. 尚曹林，张志强，李文中，等译. 长沙：湖南文学出版社，1991.

吴沛林. 熠熠生辉的明珠——中国·镇江纪念赛珍珠诞辰 110 周年活动纪事 [J]. 华人时刊，2002（11）.

姚锡佩. 论赛珍珠的《大地》三部曲 [J]，外国文学研究，1996（03）.

斯波林. 埋骨：赛珍珠在中国 [M]. 张秀旭，靳晓莲，译. 重庆：重庆出版社，2011.

海明威

在美国伊利诺伊州芝加哥西南 10 多公里处有一座小镇——奥克帕克。小镇美丽而幽静，马路两旁大都是英式风格的建筑。作家海明威就出生在这个宁静的小镇。

漫步在风景优美的小镇街头，会发现许多纪念海明威的建筑。小镇保留着诸多海明威生活过的痕迹。其中有一栋看似普通的维多利亚式小楼吸引着游客，海明威就出生在此。踏上二楼，就能看到海明威诞生的房间。阳光为房间染上了暖暖的颜色，屋子里的家具还保持着海明威生前的样子。墙上悬挂的老照片展现了海明威在小镇生活过的日子。照片中的海明威不是印象中严肃的模样，或是稚嫩的孩童，或是意气风发的少年，不变的是他脸上那明媚而自信的笑容。海明威在奥克帕克度过了美好的童年时光，奥克帕克见证了他的成长。海明威在奥克帕克的沃土中汲取了丰富的营养，成长为一名健壮而富有活力的青年。

奥克帕克是海明威走向辉煌人生的起点。谁也不曾想到这个帅气健壮的小伙子日后会成为普利策新闻奖和诺贝尔文学奖的双料得主，他的作品将风靡全世界，他简洁的创作风格将对美国文学和 20 世纪世界文学的发展产生深远影响。海明威的作品充满了对人生、世界和社会的迷茫与彷徨，他是美国“迷失的一代”作家中的代表人物。海明威的魅力不仅在于文学上的造诣，他的传奇人生更是为人津津乐道。海明威是作家，是狂热的垂钓爱好者，是狩猎爱好者，是拳击手，还是一名战地记者……这样一位具有多重身份的“文学硬汉”便是从奥克帕克小镇走出来的。

奥克帕克的孩子

1899 年 7 月 21 日，随着一声啼哭，一个头发浓黑、眼眸深蓝的男婴来到这个世界。他哭声响亮，笑的时候脸颊上有两个小酒窝，时时充满活力。他就是欧内斯特·米勒·海明威。

海明威的父亲克拉伦斯·海明威是镇上有名的医生，母亲格拉斯·霍尔在镇上教授音乐。海明威的父母一共有 6 个孩子，两男四女，海明威排行第二，作为家中第一个男孩，他自小受到较多的关注。海明威的祖父安森和外祖父霍尔都参加过南北战争，他们常给小海明威讲打仗的故事，幼年的海明威总是听得入迷，这为成年后参战埋下伏笔。

海明威故居（美国芝加哥奥克帕克）

在奥克帕克，海明威度过了幸福的童年。他聪明好动，顽皮可爱，喜欢看图画书、听故事，对大自然有着极大的兴趣。海明威在父亲组织的自然学习小组中接触到很多自然知识，这为他日后热爱打猎和垂钓打下了基础。父亲克拉伦斯教他捕鱼、打猎、做动物标本；母亲格拉斯则教他唱歌和拉大提琴。在良好家庭教育的影响下，海明威在自然知识和艺术等方面得以全面发展。

童年的海明威勤奋好学，凭借优异的成绩升入当地一所优秀的中学——奥克帕克和里沃佛斯特市立中学。时至今日，校园的维多利亚式教学楼中还保留着海明威读书时的座位。他的教室在 3 楼，课桌上放着写有海明威名字的白色牌子。走进这间教室，仿佛看到海明威在座位上读书的身影。他不仅成绩优秀，还热衷于各种体育运动。海明威是校足球队主力队员、水球队队长、步枪俱乐部健将、拳击爱好者。或许海明威对竞技性运动的喜爱正是他性格中不服输精神的体现，这对海明威作品中硬汉精神的塑造也产生了影响。

勤奋好学的海明威在高中阶段对阅读和写作产生了浓厚的兴趣。他喜欢背诵著名的诗篇,从中积累了丰富的语言知识。他曾是校刊《书板》的记者、编辑，也曾是校园文艺刊物《秋千》的编辑。“欧内斯特在写作短篇小说的同时,还给学校《特拉伊兹》周报写通讯报道。”[①] 在校期间他发表了多篇报道和诗歌。他的作品题材丰富多样，文笔生动活泼，在高中生中尤为突出。做校园记者和编辑的经历为他毕业后从事新闻工作奠定了基础，也促进了他文学作品中电报式风格的形成。

奥克帕克给予了海明威闯荡世界的最初的能量，让他能够带着梦想走出小镇，迈向世界，走上轰动世界文坛的传奇作家之路。

---

① 贝克．迷惘者的一生——海明威传（上、下）[M]．林基海，译．长沙：湖南文艺出版社，1992：52．

巴黎的勤奋青年

奥克帕克记录着海明威美好的童年时光，而巴黎则记录着海明威以文学创作开端的青春年华。海明威对巴黎感情很深，正如他在《流动的盛宴》一书中所说："如果你有幸年轻时在巴黎生活过，那么无论你今后一生中去到哪里,它都与你同在,因为巴黎是一席流动的盛宴。"[①]1921年年底，海明威以《明星日报》驻欧记者身份携妻子来到巴黎。刚到巴黎的海明威除了有一个按稿计酬的编外记者身份外，仅剩下青春、勇敢和才气了。他和妻子哈德莉租住了位于蒙巴纳斯区大主教路74号的一个两居室公寓，住宿条件并不理想，没有热水和卫生间，只有一个盥洗用的水桶。冬天房间又冷又湿，为了节省开支，海明威常常去咖啡馆御寒并写作。虽然居住在巴黎最贫穷的地方，但在海明威看来，这一段清贫的巴黎生活比成名后的富裕生活更为浪漫和生机勃勃。在写作之余，只要稿费够用，他就会去酒吧喝上一杯，或约上朋友一起出游。在海明威眼中，巴黎是那么的独特。"巴黎永远是值得你去的，不管你带给她什么，你总会得到回报。"[②]

在巴黎，海明威如饥似渴地进行着写作学习和训练。丁香园咖啡馆是他创作的根据地，他经常一个人来咖啡馆进行创作，陪伴他的只有几个蓝皮簿本、两支铅笔、一个卷笔刀、一张大理石面的桌子。在这里，海明威经常一写就是一天。他周密地安排着每天的写作计划，严格进行定额的写作训练。在高强度的脑力工作中，海明威每天只靠一杯牛奶咖啡增加能量，他享受着这苦修般的生活。在海明威看来，在巴黎这个文化之都，只要能写作，贫穷和饥饿都不算什么。因为在写作中，"整个

---

① 海明威. 流动的盛宴[M]. 汤永宽，译. 上海：上海译文出版社，2009：1.
② 海明威. 流动的盛宴[M]. 汤永宽，译. 上海：上海译文出版社，2009：217.

巴黎也是属于我，而我属于这个笔记本和这支铅笔。”“接着我又写起来，我深深地进入这个短篇，迷失在其中了。现在是我在写而不是它在自动发展了。”①沉浸于写作中的海明威能够屏蔽周围环境的影响，像个独自隐居的人，正如他所说“我工作的时候就像一头瞎眼猪”②。

海明威对文学的勤奋追求，还体现在追求广泛的阅读。他积极地从前辈大师及同时代卓有成就的作家的作品中汲取养分。虽然囊中羞涩不能购买大量图书，但海明威在获取书本方面有自己的办法。他经常出入“莎士比亚书店”图书馆，租借大量书籍阅读。对于清贫而勤奋的海明威来说，书是珍宝，走进图书馆犹如走进一座宝库。他通过阅读不断丰富自己的学识。短短几年间，他就阅读了屠格涅夫、果戈理、托尔斯泰、契诃夫、陀思妥耶夫斯基等多位作家的作品。这些文学家的作品都对海明威的创作产生了影响，而托尔斯泰是海明威心中的文学英雄。

在巴黎，海明威不仅在阅读文学作品中成长，还在与作家们的交流

故居小院

① 海明威．流动的盛宴[M]．汤永宽，译．上海：上海译文出版社，2009：8．
② 海明威．流动的盛宴[M]．汤永宽，译．上海：上海译文出版社，2009：101．

故居餐厅

中积累经验。海明威结识了许多作家，并得到了他们的指点和帮助。在舍伍德·安德森的介绍下，他结识了当时在巴黎颇有影响力的女作家格特鲁德·斯泰因。海明威对斯泰因评价很高："斯泰因的方法对于分析事物、描述人物和地点都是极其宝贵的。"① 在斯泰因家的文艺沙龙里，海明威又和菲兹杰拉德、庞德、刘易斯等人相识。他们经常聚在一起讨论文学，并在创作上相互影响。斯泰因和埃兹拉·庞德对海明威的文学事业影响非常大。斯泰因进一步帮助海明威在巴黎文坛站稳了脚跟。庞德则教会海明威写作技巧，竭力扶持其写作，帮助他出版作品。《在我们的时代里》《新托马斯诗歌》以及海明威其他早期的短篇小说和诗歌都发表在庞德主编的《小评论》《流放》等刊物上。

海明威写作的迅速成长离不开巴黎浓厚的艺术气息，其他种类的艺术形式也激发着海明威的灵感。"我是全靠看巴黎卢森堡美术馆的画才学会写作的……当你肚子里空空如也而美术馆又不收费时，你当然就泡

① 董衡巽. 海明威研究[M]. 北京：中国社会科学出版社，1980：108.

美术馆啦。”[①]在那些穷困的日子里，海明威经常欣赏艺术品以消磨饥饿难挨的时光。饥饿对于海明威来说是不错的修行方式，饥饿让他的全部感官都敏锐起来，他经常用饥饿带来的清醒欣赏名画。他相信，在饥肠辘辘的时候去欣赏，每幅画、每件雕塑、每幢建筑都会更加美丽而明澈。在画作的欣赏中，他也领悟到写作的技巧。“我正向塞尚的画学习一些技巧，这使我明白写简单而真实的句子远远不足以使小说具有深度，而我正试图使我的小说具有深度。我从画作那学到很多东西。”[②]“我能像保尔·塞尚先生那样表现风景。我是靠空着肚子在卢森堡美术馆里走了一千趟才学到手的。如果保尔先生还在，我敢说他准会赞成我的写法，也会因为我学他而高兴。”[③]

巴黎是海明威的福地，在这里，即便是仅够糊口的工作也为海明威的写作事业提供了帮助。初到巴黎时海明威当过记者，工作使他得以广泛接触社会各阶层，提高了观察生活的能力，积累了丰富的写作素材。记者工作让他学会了删去一切可有可无的东西，达到最大限度的简约和含蓄。在放弃记者职业专门从事文学创作后，海明威受到斯泰因的影响，进一步追求文章的简洁和质朴无华，用有限的文字表达无限丰富的内容，逐渐形成自己独特的电报式风格。他大量运用象征、对比和重复的修辞手法，更加深刻地表达主题。他独创了“山水原则”写作风格，只露出“八分之一”，让读者揣摩那“八分之七”所隐藏的内容。

1923年8月，海明威的第一本文集《三个故事与十首诗》出版了，虽然只印了300本，但足以使海明威在文坛崭露头角。1924年1月到7月，海明威完成了9篇小说，并把这些小说和其他早期的作品收入在1925年出版的《在我们的时代里》。这本书是海明威第一本获得稿酬的书。从此，海明威的创作渐入佳境。1926年他发表了奠定他在文坛上“迷

① 董衡巽．海明威研究[M]．北京：中国社会科学出版社，1980：49．
② 海明威．流动的盛宴[M]．汤永宽，译．上海：上海译文出版社，2009：14．
③ 董衡巽．海明威研究[M]．北京：中国社会科学出版社，1980：52．

惘的一代”地位的名作——《太阳照常升起》，他用自己的作品一步步震撼了世界。

在巴黎短短的几年时间，海明威迅速成长为一名优秀作家。他得到了艺术上的熏陶和文学技艺的提高。饥饿磨炼了他的意志，贫困砥砺了他的节操，这一切都为他的成功打下了坚实的基础。是巴黎这个世界文化名城成就了海明威，巴黎也成了海明威心中永远的“流动的盛宴”。

不屈的硬汉斗士

海明威是一名硬汉斗士。他随时准备着战斗，并在战斗中享受快乐。不论是在战场、斗牛场、狩猎场、拳击场，也不论对手是谁，他都全力以赴追逐着、进攻着、拼搏着。他是一名早已将生死置之度外的不屈的硬汉斗士。海明威的弟弟在回忆录《我的哥哥海明威》中说：“海明威式的‘硬汉’英雄就是海明威自己。”[①]

海明威喜欢不断在竞争中迎接挑战，人们几乎可以在当时所有能够体现冒险精神和男子气概的活动中见到海明威的身影。在海明威参加的多项活动中，狩猎、钓鱼和拳击对他影响较大。在狩猎和钓鱼时，他能尽情感受追逐的快乐，性格中的野性得到充分发挥。作为天生的狩猎者，海明威喜欢在广袤的草原上和狮子斗争，在浩瀚的海洋中和大鱼对抗。在墨西哥湾，海明威曾经捕获了一条近230公斤重的大马林鱼，轰动了整个码头。捕鱼的经历后来成为《老人与海》中的情节。1933年，海明威远征非洲丛林沙漠狩猎，在此间他患上了阿米巴痢疾，大肠脱出体外3英寸，甚至便血，这让他徘徊在生死之间。打猎经历成就了他的一系列小说：《非洲的青山》《乞力马扎罗的雪》《弗朗西斯·麦康伯短促的快乐生活》。

① 列斯特·海明威. 我的哥哥海明威[M]. 吴青，译. 上海：上海译文出版社，1976：73.

海明威自少年时期酷爱拳击，中学时就开始学习拳击，即便在巴黎学习文学创作时，他也没放弃这个爱好。打拳之余他热衷于观看拳击比赛。在他心目中，拳击无疑是最能彰显男子汉气概的运动。“拳击教会我不能躺下不动，要随时准备再冲锋……要像公牛那样又快又狠地冲。”[①] 拳击陪伴了他的一生。在几部描写拳击手的作品中都表现了他对拳击的热爱，如《五万美金》《拳击手》《太阳照常升起》等。

海明威的拳脚不仅展现在拳击台上，更延续到了文坛上。在海明威眼中，写小说如同站在一个擂台上，对手不仅有同时代的作家，还有那些已逝的优秀作家。海明威认为，作家要做的事情是写出前人与今人没有写出的作品。文坛也是海明威的战场，他要战前人，赢今人，更要胜自己。为了能立于不败之地，他不断地磨砺着自己的文笔，以笔为拳，在文学界一拳拳打出自己的江山。

不论在哪儿，战斗都是海明威认为解决问题的最好方式。他随时保

故居厨房

① 辛格．海明威传[M]．周国珍，译．杭州：浙江文艺出版社，1983：46．

故居大厅

持着满腔的战斗热情。当矛盾发生时，他会用像拳击手的拳头一样有力的文学作品去反击，捍卫自己的尊严。海明威一直对各种批评家没有好感，他不能接受别人对自己作品的指指点点，在信件中曾说道：“我认为没有什么比那些庸人的品评更使人泄气的了，不单是泄气而已，而且还叫你窝心，憋一肚子的气。”[1]作品《午后之死》中对斗牛的吹捧引起了评论家的严厉批评，批评者认为海明威在文中塑造了一批狂妄自大的粗俗莽汉。评论家马克思·伊斯门攻击海明威，认为他的文学风格是人们也许会称之为胸前戴着假汗毛的文学风格。这令海明威无比恼火。在偶遇对方时，海明威立即展示了自己真实的多毛的胸部，并用拳头狠狠教训了对方。战斗精神已经融入海明威的骨髓，他是一名文坛上不屈的硬汉斗士。

海明威也称得上是战场上的斗士。在祖父和外祖父的影响下，他从小对战争产生了浓厚兴趣，一直渴望走上战场。可视力问题是他参军路

① 董衡巽．海明威研究[M]．北京：中国社会科学出版社，1980：112．

上的一大障碍。后经人指点，海明威报名参加了对视力要求不高的陆军红十字车队，成为救护车的志愿司机，如愿奔赴第一次世界大战的欧洲战场。他十分珍惜在战场上的日子，在给家里人的信中写道："我们都愿意献出我们的身躯，可是入选的只有少数人……我的身躯被选中，我觉得骄傲和高兴……"①

踏上了战场的海明威渴望建功立业，即使是后勤的岗位，也没有一丝放松。然而，战场救护车司机的身份并没有太多机会与敌人面对面战斗。有一次，海明威在福萨尔塔运送物资，奥地利人的迫击炮炮弹打在战壕附近，炮弹巨大的威力让战壕内外变成一片血海。海明威不顾自己的伤情，背着受伤的战士奔向急救所。途中海明威多次被机关枪打中，但他从未放弃背上的伤兵。此次救援行动成就了海明威的英雄形象，同时给他带来巨大的肉体伤害，身上留下了 200 多块碎弹片。养伤 7 个多月后，海明威以青年英雄形象凯旋。他身着军装，携着 3 枚银十字军功章回到美国，受到亲友和新闻界的热烈欢迎。喧嚣过后，回归日常生活的海明威有些无所适从。英雄光环淡去，他只是一个身上有上百个弹片伤疤的无业青年。海明威通过写作打发时间，创作了一系列各方面稍显粗糙的小说，如《结局》《滔滔双心河》。第一次世界大战让海明威第一次近距离接触死亡，感受到战争的残酷，体悟到战争中英雄绚烂荣光背后的空虚。他开始透过战争思考生命的意义，这些思考也体现在他的作品中。

西班牙内战期间，海明威以记者身份 4 次来到烽烟弥漫的西班牙。他慷慨大方，英勇无畏，为共和派做了很多事情，赢得了西班牙共产党人和人民的赞扬。这段经历促生了反战名作《丧钟为谁而鸣》。

第二次世界大战爆发后，海明威在 1941 年奔赴亚洲前线采访，在中国拜见了周恩来和蒋介石。随后他义无反顾地投入战争，寻找自己的价值。

---

① 董衡巽．海明威谈创作[M]．上海：生活·读书·新知三联书店，1985：92．

1942年，海明威驾驶自己改造过的渔艇，带着美国政府配发的武器在大西洋上侦察巡逻，并随时准备战斗。他在古巴沿海巡逻两年，从事搜集德国潜艇活动情报的工作。1944年，海明威随美军在诺曼底登陆，他亲自率领一支游击队，最先在巴黎凯旋门一带与德军作战，比正规军更早进入巴黎。海明威携带武器，始终战斗在前线。炮火中他非凡的勇气和枪林弹雨中的潇洒，让人赞叹。战场上他无所畏惧，谈笑风生，是一流的战士。战争成就了海明威硬汉斗士的形象，但给他的肉体和精神都带来了深深的伤害，战后的海明威饱受失眠和病痛的折磨。

海明威的作品中，有26部作品以战争为主题。《太阳照常升起》《永别了，武器》《丧钟为谁而鸣》都描写了世界大战。海明威经历了很多战争，他热爱战场，但痛恨战争，尤其痛恨战争带来的伤害。《太阳照常升起》《永别了，武器》用怀疑否定的态度描写战争，带有强烈的反战色彩。海明威在小说中描写战争，希望世上不再有战争，他认为掠夺战争是残酷而冷漠的。在文学中，他批判的不只是战争，还批判当时的社会现实和精神价值。这种独创性使得他的小说精神内涵高于一般的反战小说。

即使不写战争，海明威的很多作品也是以拳击、打猎、斗牛等内容为主题的，充满了暴力色彩。但在他的作品中暴力并不是噱头，他能很好地驾驭暴力，用暴力体现自己的思想。在他的小说中像斗牛士、拳击手、渔夫这种硬汉的人物形象是经常出现的。海明威笔下的男性人物都具有为了保持个人荣誉、职业尊严或者为了生计表现出临危不惧，与厄运斗争到底的精神。海明威作品中第一次出现的硬汉形象是《五万元》中的拳击手杰克，在拳击比赛中他忍住疼痛，犯规击倒对手。虽然输了比赛，他却破坏了一个双重骗局。《没有被斗败的人》中的曼努埃尔是个不服输的老斗牛士，身上有伤，哪怕面对死亡仍不肯认输。《赌徒、修女和收音机》中的赌徒，被两颗子弹射中肚子，却毫无惧色。更值得一提的是，《老人与海》中的老渔夫圣地亚哥，在同大马林鱼的搏斗中完美体现了“压力下的优雅风度”。马林鱼象征着厄运。正如海明威所认为的，“人无论怎样都只能是一场悲剧，然而只要有这种精神和风度，人就能在明知会失败仍要拼搏的悲剧性中显示出生命的价值和人格的尊严”。[1]老人失败了,但是他对待失败很有风度。“一个人并不是生来要给打败的。你尽可以把他消灭掉，可就是打不败他”[2]，这已经成为海明威式硬汉的一种精神标志。

爱情的追寻者

硬汉斗士海明威是一个富有激情的男人，一生都在追求激情而非凡的生活。他凭借着“英雄”“侠客”的魅力吸引了诸多女性。海明威的一生有过4段婚姻，给不少女性带来情伤的他也曾经是感情的受害者。

第一次世界大战期间，海明威受伤后在米兰战地医院治疗，与护士阿格妞丝坠入爱河。然而他回国不久，女护士就来信说自己与他人相爱了。海明威遭受了背叛，备受打击。此后，他总是在婚姻出现危机之初开始寻找未来妻子的人选。一旦婚姻出现破裂的征兆，他为避免被抛弃就抢先一步提出分手。在别人看来，海明威是一旦发现身边的伴侣失去

故居卧室

① 董衡巽. 海明威谈创作[M]. 上海：生活·读书·新知三联书店，1985：78.
② 海明威. 老人与海[M]. 吴劳，译. 上海：上海译文出版社，1987：99.

魅力，就会立即被新的女人所吸引的薄情之人，但或许他只是因为在感情方面受过伤害而谨慎过度。

海明威和孩子们的合影

妻子在海明威生命中扮演着“母亲”和“女儿”的双重角色。在海明威的前两段婚姻里，妻子都要比他大一些，青年时期的海明威似乎要从妻子身上寻找母亲或者姐姐般的爱。他对妻子的要求是温柔而甜美，渴求从妻子那里寻找安心与舒适。而海明威的后两任妻子都比他年轻一些，中年和晚年的海明威似乎想在妻子那里寻找他逐渐失去的青春激情和活力，他又成了年轻妻子的“爸爸”的角色，享受着妻子对他的崇拜。

在第一段婚姻中，哈德莉是一位贤惠的妻子。他们的婚姻生活主要是在巴黎度过的。在《流动的盛宴》一书中，海明威以留恋的笔调追忆了两人之间的感情，用朴素的笔法再现了两个人在贫困中互相鼓励、互相支持的情景。他们一起沿塞纳河散步，在河畔的旧书摊淘便宜的旧书，或什么也不买，只看看沿岸的画廊和商店的橱窗。尽管日子清贫，但 1921 年至 1926 年间，海明威夫妇在巴黎是幸福的。“我爱她，我并不爱任何别的女人，我们单独在一起时度过的是美好的令人着迷的时光。”[①] 在第一段婚姻中，海明威在妻子的支持下写作一步步走上正轨，他创作了《在我们的时代里》《春潮》等作品，渐渐在文坛小有名气。

随着生活趋于平淡，二人的感情也日渐淡漠，最终他与妻子离婚，并与在朋友聚会上认识的波琳结婚。在新旧婚姻的变更和较为混乱的生

① 海明威．流动的盛宴[M]．汤永宽，译．上海：上海译文出版社，2009：217．

活中，海明威完成了《太阳照常升起》的创作。这本书的出版赢得了广泛赞誉，奠定了他成为世界级作家的基础。

第二段婚姻中，他们尽情地旅游，尽情地享受生活，创作出了《没有女人的男人》《永别了，武器》等优秀作品，然而后来完成的《非洲的青山》《胜者无所得》《午后之死》却反响平平。

新人玛莎·盖尔霍恩就在这时候登场了。她是海明威第三段婚姻的女主人公，一位聪明美丽、能力出众而又野心勃勃的记者兼作家。海明威的《丧钟为谁而鸣》便是在这段婚姻中完成的佳作。玛莎是女强人，她竭力保持自己工作和生活的独立性，好胜心强的她甚至在事业上和海明威也有竞争。几段婚姻中，只有玛莎才是与海明威旗鼓相当的女人，然而海明威却要求妻子依附于自己。两个人的婚姻在无休止的争吵和相互折磨中走向尽头。海明威在小说《湾流中的岛屿》中表述了他对玛莎又恨又爱的复杂情感。

第三段婚姻结束后，海明威迎娶了第四任妻子玛丽·韦尔。和上任妻子不同，玛丽为了照顾海明威彻底放弃了自己的事业。她虽然不是那么漂亮，却以温柔的性格吸引了海明威，是她陪伴海明威走到人生的最后。她无微不至地照顾海明威，全身心地安排好家庭生活，陪伴着海明威旅行，给他营造良好的创作环境。

新鲜的爱情是海明威创作的动力之一，身边的不同女性成了海明威小说创作中的人物素材。短篇小说《在密执安北部》《某事的终结》《雨中的猫》就是从女性视角展开叙述的。海明威笔下的许多女性在性格上具有矛盾性，她们在经济方面的依附性和性格开放性并存，既有勇往直前的闯劲，却又为绝望、沮丧所困扰。这种矛盾或许成为海明威女性观的局限之处，但也反映出他对女性的独特理解。

海明威笔下的女性分为两大类，第一类是符合传统道德规范的女性，如《永别了，武器》中的凯瑟琳和《战地钟声》中的玛丽亚。但是，这类依附男主人公的女性并不能获得永远的幸福。《永别了，武器》中的凯瑟琳因难产死去；《战地钟声》中的玛丽亚把幸福完全寄托在乔丹身上，在乔丹死后，她一个人在混乱的世界里前途未卜。事实上，海明威前两段婚姻中的妻子便是这类女性。海明威笔下的第二类是有自我意识的女性，她们逾越了男权文化对女性的限制，海明威对这类女性远不如对第一类女性那么喜爱，甚至有些痛恨，却又无法否认她们的独特魅力。某种程度上，海明威甚至有些欣赏她们，第三任夫人玛莎无疑是这类女性的代表。海明威把自己的情感生活充分融入创作中，塑造出一系列生动鲜活的女性形象，也创作出一部部经典的文学作品。

借酒抒怀的伤者

海明威的人生中充满了酒和伤痛，两者铸就了他的辉煌，也导致他的陨落。

酒是海明威生命中必不可少的，他认为喝酒是终结一天的最佳方式。15 岁的海明威就开始接触酒了，但那时只是出于新鲜和刺激。从“一战”的战场受伤归来后，青年海明威真正喜欢上了喝酒，他在医院养伤时偷偷喝酒，甚至把白兰地藏在枕头下。此后无论是在巴黎的清贫时期还是成名之后，海明威都过着以酒相伴、时常酣饮的生活。酒不仅能消除海明威创作时的疲乏，而且还给予他创作灵感。他将对酒的体验融入创作之中，他笔下的人物也大都和他一样嗜酒如命。

《太阳照常升起》中，海明威生动地刻画了一群以酒作为麻醉剂的人。主人公杰克·巴恩斯在第一次世界大战中落下了残疾，他的爱情被战争破坏，他的传统道德观、信仰和正义感也被摧毁，他变得茫然，精神空虚。为了排解苦闷，他每天漫无目的地在巴黎酒吧中游荡，在酩酊大醉中排解忧愁。作品中美丽的交际花勃莱特、自卑的美国作家科恩、乐观的退伍军人戈顿和脾气暴躁的破产者坎贝尔都被战争摧毁了信仰，他们通过酒精麻痹自己，逃避现实，寻求精神的解脱。《永别了，武器》中，几乎所有的人物都借酒浇愁，尤其是男主人公亨利，即使在住院养伤期间依然偷偷喝酒，并且导致黄疸。作者笔下的这些人物都经历了战争的洗礼，饱受肉体和精神的摧残，他们在醉酒中寻找安慰，缓解痛苦。从这些人物身上，不难看到海明威的影子。

虽然热衷饮酒，但是海明威非常清楚酒的消极作用，他也将酒的不良影响写进作品。《丧钟为谁而鸣》中的游击队长巴勃罗便是被酒毁掉的，他在酒精的麻醉下，逐渐从英勇果敢的战士沦落为贪生怕死的胆小鬼。在《太阳照常升起》中，海明威认为酒能把人物最阴暗的一面暴露出来。他笔下的迈克·坎贝尔在饮酒后变得粗鲁狂躁，战争对其身心的摧残需要用酒来麻痹。海明威企图依靠酗酒麻木自己，缓解战争所带来的痛苦。另一方面，酒的积极作用也在海明威的作品中有所体现。《丧钟为谁而鸣》中，游击队员用酒抵御深山中的寒冷，消除身体的疲劳。战斗前，队员以酒壮胆；受伤后，他们以酒减轻疼痛，驱走对死亡的恐惧。《太阳照常升起》里，杰克和比尔戈特在垂钓的五天中适量地饮酒，酒使他们放松，不再空虚苦闷、愤世嫉俗；酒让他们摘下了虚伪的面具，言谈之中不再恶语伤人；饮酒过程中他们像兄弟一样坦诚相待，感情加深。

故居走廊

酒对于海明威不仅是创作灵感的来源，还是抚平伤痛的药剂。虽然战斗时的英勇事迹给海明威带来了荣誉，但他认为“对于作家来说，有战争的经验是难能可贵的。但是这种经验太多了，却有危害”[①]。在

① 董衡巽．海明威研究[M]．北京：中国社会科学出版社，1980：3.

英雄辉煌成就的背后，不能忽视英雄的伤痛和老去。海明威虽是硬汉，但终究是一个有血有肉的人，也有着悲情与脆弱——虽然这是他不愿承认的。他的情感浓烈而丰沛，经历过太多的不幸和悲痛。有时对他来说清醒就代表着痛苦，他借酒缓解战争的创伤，逃避现实的伤痛。在硬汉的外衣之下，隐藏着他悲情伤者的一面。

1922 年 1 月 23 日至 24 日，海明威在两天的时间里接连经历了两次飞机失事的灾难性事件。虽然两次从空难中死里逃生，但他身上的严重的伤情令人担忧——扭伤了右肩、手臂和左腿，严重脑震荡，左眼暂时失明，左耳暂时失聪，括约肌受损，脊椎骨严重受伤，肝脏、脾脏和肾脏破裂，脸部、手臂和腿被严重烧伤。厄运并没有就此结束，后来的几场车祸又让他再次全身受创。这些传奇的生还经历巩固了他的硬汉形象，也损伤了海明威的身体。

随着年龄的增长，那些冒险传奇经历对身体造成的创伤和病痛不断折磨着海明威。酒既是海明威男子气概的必备品，是他文学创作的兴奋剂，也是加速他身体状况恶化的毒药。糖尿病、皮癌、高血压症、铁质代谢紊乱、精神抑郁症、严重失眠症等使他几乎丧失了工作能力。不仅

故居全景

如此，酒让海明威的记忆力和语言表达能力也受到巨大影响，在生命的最后几年，他因无法写出满意的作品而饱受精神折磨，过得非常痛苦。他不得不放下曾经引以为傲的笔，精神颓废，恐惧与孤独让他内心无比烦躁。海明威时常一个人坐在屋子里，被他的宠物猫们包围着，消磨着难熬的痛苦时光。

海明威终其一生所追寻的，都是强者的形象，然而晚年严重的健康问题让他失去了以往的尊严。当他已经不能让人们把他当作“传奇”看待时，他只能选择毁灭自己，将那个强悍的形象永远留下来。其实早在海明威青年时期，这种只活在灿烂时刻的生命观就有所显露。他在第一次世界大战时期写给家里的信中就谈道：“光荣地死在生命中最辉煌的时期，要比死在筋疲力尽、梦想毁灭的老年强得多”①。步入老年的海明威逐渐筋疲力尽。在海明威眼中，与其等待命运的终点，不如自己去抉择，掌握生命的是他自己，而不是时间与病魔。最终，他用猎枪结束了自己的生命。

1961年7月2日，爱达荷州的一声枪响震惊世界，这位文学巨匠就此陨落。海明威人生的终结是如此悲壮，一位如狮子一般不屈不挠的强者，用自我毁灭的方式成就了他的名言：“一个人并不是生来就要给打败的，你尽可以消灭它，但就是打不败它。”②随着枪声而消亡的，是他年迈孱弱的病体,但他铮铮铁骨的硬汉精神以及那些伟大不朽的作品，都将永存不朽。

（撰稿：王虹）

① 董衡巽．海明威谈创作[M]．上海：生活·读书·新知三联书店，1985：93．
② 海明威．老人与海[M]．吴劳，译．上海：上海译文出版社，1987：99．

参考文献

贝克. 迷惘者的一生——海明威传 [M]. 林基海，译. 长沙：湖南文艺出版社，1995.

董衡巽. 海明威谈创作 [M]. 上海：生活·读书·新知三联书店，1985.

董衡巽. 海明威研究 [M]. 北京：中国社会科学出版社，1980.

海明威. 我的哥哥海明威 [M]. 吴青，译. 上海. 上海译文出版社，1976.

海明威. 海明威传 [M]. 张国强，译. 杭州：浙江文艺出版社，1983.

海明威. 老人与海 [M]. 吴劳，译. 上海：上海译文出版社，1987.

海明威. 流动的盛宴 [M]. 汤永宽，译. 上海：上海译文出版社，2009.

奥斯特洛夫斯基

被誉为“黑海明珠”的俄罗斯城市索契有一条著名的街道——柯察金街。一提起柯察金，人们第一个想到的，是奥斯特洛夫斯基笔下为人类解放而不懈奋斗的英雄保尔·柯察金。柯察金街正是以保尔的名字命名的。柯察金街 4 号，是《钢铁是怎样炼成的》作者奥斯特洛夫斯基在索契的故居，是当时索契政府为表彰奥斯特洛夫斯基的成就而专门修建的。1928 年至 1936 年，奥斯特洛夫斯基由于伤病在索契和莫斯科两地辗转，索契是一个绝佳的疗养胜地，为了缓解病痛，他在索契居住了近 5 年半的时间，治疗颇见成效，这让奥斯特洛夫斯基心情愉悦。在索契，奥斯特洛夫斯基不仅完成了小说《钢铁是怎样炼成的》的创作和修改，还构思了第二部小说《暴风雨所诞生的》[①]。当时的索契，受到了苏联人民的瞩目，它仿佛是人们精神和心灵的中心，只要能在索契停留，聆听奥斯特洛夫斯基的只言片语，似乎就能感受到生命的斗

① 又译《暴风雨的儿女》。

奥斯特洛夫斯基故居（俄罗斯索契）

志和坚强的力量。奥斯特洛夫斯基恰如一盏明灯，指引着人们前进的方向。

实际上，这栋故居于 1935 年 11 月破土动工，奥斯特洛夫斯基直到 1936 年 5 月才搬进来，他在这所簇新的房中只停留了 5 个月。如今这里仍然保存着作家在世时生活的原貌。房屋周围绿树环绕，环境清幽。沿着悠长小路，便可自庭院进入屋内。房间虽不宽敞，布置却井井有条，显示出温暖又质朴的格调。客厅中的小桌子上摆着富有俄罗斯特色的茶饮，供来往客人饮用。墙壁上悬挂着一幅照片，照片中是奥斯特洛夫斯基及母亲和姐姐。奥斯特洛夫斯基 1936 年 12 月去世，当年他使用过的日历还完好地保留着，纸页有些泛黄，日期却清晰如初，记录着作家在这里度过的日日夜夜。奥斯特洛夫斯基知识丰富，酷爱阅读，住处有一排书柜，里面密密麻麻塞满了书。正是从书中，奥斯特洛夫斯基领略到文学的魅力，写出《钢铁是怎样炼成的》这部经典作品，鼓舞了千千万万不懈奋斗的人。

“人最宝贵的是生命，生命对于每个人只有一次。人的一生应当这样度过：当他回首往事的时候，他不会因为虚度年华而悔恨，也不会因为碌碌无为而羞耻。这样，在临死的时候，他能够说‘我的整个生命和全部精力，都已经献给世界上最壮丽的事业——为人类解放而斗争’。”在《钢铁是怎样炼成的》中，保尔·柯察金的这段话掷地有声。生命虽短，却更显其珍贵，最好的人生应该献给最壮丽的人类解放事业，唯有如此，才能实现人生价值。保尔为自己的生命做了简短准确的总结，这也恰恰是奥斯特洛夫斯基人生的最佳注脚。奥斯特洛夫斯基尽管只活了32岁，但他为国家和民族奉献了一切，是当之无愧的布尔什维克战士。奥斯特洛夫斯基参加了很多大大小小的战斗，多次冲在阵地前沿，英勇的作战行为既为他带来光辉的荣誉，也带来终生的伤痛。此后，他在索契、莫斯科等地的疗养院之间辗转。伤病压不垮奥斯特洛夫斯基坚硬的脊梁，他仍然希望自己能一如既往地奋战在工作岗位上，为同胞们带去知识、精神和力量。他热切地盼望能和广大的人民团结在一起，希望能为亲爱的祖国做点什么。面对无情的病魔，奥斯特洛夫斯基以惊人的毅力与之搏斗，以顽强的意志进行创作，尽管全身瘫痪，毫无写作经验，但他犹如钢铁一般，在经历了淬炼之后，克服了重重困难，找到了人生新的希望，在文学的征程中奋发向上。

奥斯特洛夫斯基一生只创作了两部长篇小说，其中《暴风雨所诞生的》只有1卷，并未全部完成，这仅有的作品却奠定了奥斯特洛夫斯基无产阶级作家的地位，甚至在世界范围内引起轰动。人们争相阅读他的作品，钦佩他的精神。在鲜活的字里行间，保尔·柯察金冲锋陷阵，顽强拼搏，作者奥斯特洛夫斯基亦如此，他的一生始终坚持布尔什维主义的政治信仰，他的身体里蕴藏着无穷无尽的力量，具有钢铁一般的意志。

自小萌发的阶级意识

1904年9月29日，尼古拉·奥斯特洛夫斯基出生于乌克兰沃伦省奥斯特罗格县维里亚村的一个贫困工人家庭，在家中他年纪最小，上面还有两个姐姐和一个哥哥。这片土地美丽又荒凉，维利亚河缓缓流淌，穿过村庄，将平凡的小村庄分成两半，村子里的居民沿河岸居住，辛勤地耕耘土地，然而农民所得到的土地分外贫瘠，地主和富农占据了良田沃土。如果只依靠土地，根本无法养家糊口，于是奥斯特洛夫斯基的父母终日为生计疲于奔命，他的哥哥和姐姐在十一二岁的年纪就已外出谋生。

奥斯特洛夫斯基 6 岁时曾去教区小学上学。他学习成绩优异，多次获得奖状，然而只上了 3 年学就因为贫穷辍学。为了生活，母亲将奥斯特洛夫斯基带在身边，在一个糖厂老板家做厨娘，但总受到老板家人的压迫。面对屈辱，奥斯特洛夫斯基忍无可忍，将糖厂老板的女儿打了一顿。母亲被解雇，他也被送回父亲身边。奥斯特洛夫斯基从小就有着强烈的自尊心，他不允许任何人无缘无故地欺负自己，如果自己或者家人受到了不公正的对待，他会毅然反抗。

童年时期，奥斯特洛夫斯基特别喜欢听亲历过俄土战争的父亲讲述战时的场景，想象在战场上两军交战时激烈奋战的场面，或许从那时候他就热切地盼望自己也能参加正义的战争。有时，父亲会回顾自己的童年，向奥斯特洛夫斯基讲述富人的压迫，每当这时，奥斯特洛夫斯基内心充满怒火和愤懑，懵懂的他并不知道这种强烈的情感从何而来，但他仍对亲人的遭遇感同身受。奥斯特洛夫斯基从小就知道穷人与富人之间的对立，他心中不甘屈服的种子正在渐渐萌发，这对他的人生产生了非常重要的影响。

第一次世界大战爆发后，奥斯特洛夫斯基亲眼看到战争的残酷和百姓的流离失所，众多难民伴着阵阵慌乱的马蹄声向着内陆仓皇而去。奥斯特洛夫斯基跟着家人历经漂泊，最终来到铁路枢纽中心——舍彼托夫卡。此后的岁月，奥斯特洛夫斯基和这座小城密不可分。

在舍彼托夫卡,奥斯特洛夫斯基进入了当地的学校。然而在学校里，他经常受到神父的斥责。有一次，奥斯特洛夫斯基对世界的诞生产生了疑问，神父却恼羞成怒，狠狠惩罚了他，此后二人多次发生矛盾，最终他因得罪神父而被学校开除。再次辍学的奥斯特洛夫斯基只能一边打工一边读书，他求知欲旺盛，好奇心强烈，抓紧一切时间广泛阅读。奥斯

奥斯特洛夫斯基的雕塑

特洛夫斯基同情怜悯书中受苦受难的人民，他们活在不公正的制度下，饱受资本家的欺凌。奥斯特洛夫斯基曾读到这样一个片段：一个胡作非为的伯爵多次欺侮虐待自己的仆人，但仆人却唯唯诺诺，从不反抗。这个故事让他义愤填膺。奥斯特洛夫斯基不仅喜欢阅读，还热爱写作，曾写过童话、诗歌和短篇小说，甚至有作品发表在学校刊物上。同时，他喜爱表演，最乐于扮演军人和英雄类的角色，这仿佛预示着长大后的奥斯特洛夫斯将成为一个顶天立地的军人。

每当在书中读到人民受奴役的情节，奥斯特洛夫斯基恨不得将那些剥削者驱逐殆尽。对压迫者的仇恨如此强烈，他的阶级意识觉醒得又如此早，使他在很小的年纪就选择和广大人民站在一起，他注定要成为一个坚强的布尔什维主义战士。阅读不仅使奥斯特洛夫斯基了解了他生活时代的腐朽堕落，也让他找到了心灵知己和人生方向。斯巴达克斯、加里波第、牛虻等文学形象给予他深深的震撼，他们的性格和行为启发奥斯特洛夫斯基立志做一个牛虻似的人物——满腔热血，不畏艰难险阻，与恶势力做斗争，为消除人民苦难而奋斗。

奥斯特洛夫斯基的童年充满坎坷，他曾经说：“我们的童年是在资本主义桎梏下度过的。早在孩提时期，它就被套上了资本主义的枷锁。在前面等待我们的，不是欢乐的童年和美好的青年时代，而是从清晨一

故居一隅

直持续到夜半的繁重劳动。其目的，也只不过是为了一块面包而已。”①虽然生活艰难，饱受欺凌，但奥斯特洛夫斯基依然怀抱着对未来的希望。面对不公正的现象，他仗义执言，从未放弃追求自由和解放，他立志做一个勇敢的战士，相信平等属于每一个人，相信美好公正的生活终有一天会到来。

铁血军人与热血青年

19 世纪末 20 世纪初的俄国经济十分落后，内外交困。在国内，劳动人民受到地主的剥削奴役，他们既没有自己的土地，又要忍饥挨饿，生活十分艰辛。在国外，俄国参加了第一次世界大战，1500 万人被强征入伍，然而政府官僚中饱私囊，前线得不到正常的物资保障，以致俄军在战场上节节败退。战争致使国内物价飞涨，农业、工业经济衰退，

---

① 特列古勃．奥斯特洛夫斯基传［M］．王明元，译．郑州：海燕出版社，2001：11．

各种社会矛盾进一步激化。在严峻的形势下，一场革命不可避免。1917年3月，“二月革命”①爆发，由此建立了新的政权——苏维埃，但是当时的苏维埃领导人支持临时政府，因此临时政府掌握着实际权力。临时政府想继续进行帝国主义战争，这激起了人民群众的强烈愤慨。恰在此时，流亡海外的布尔什维克党领袖列宁回到俄国。在列宁的领导下，十月革命的炮声响起，工人阶级最终赢得革命的胜利，俄国大地上回荡着人民的欢呼雀跃之声，世界的目光也聚焦于此。那时，13岁的奥斯特洛夫斯基正在舍彼托夫卡积极与布尔什维克党联系。在他心里，布尔什维克党是反对沙皇专制制度和反对资本主义压迫的政党，必将带领人民走向民主和解放。那时的奥斯特洛夫斯基已经坚定了布尔什维主义的信仰，立志为人民服务，把党和祖国的利益放在第一位，保持思想的先进性和纯洁性，为实现共产主义而奋斗。

尽管十月革命胜利了，苏维埃政权也建立起来，但仍有敌人环伺，国内反革命势力和外国武装干涉者蠢蠢欲动。革命的初步胜利成果仍然要通过严酷的战斗来保卫。1919年7月20日，不足15岁的奥斯特洛夫斯基加入了共产主义青年团。他主动加入红军，奔向前线，同白卫军②进行战斗。战场上的奥斯特洛夫斯基英勇顽强，无所畏惧，他加入了科托夫斯基骑兵旅，成为一名骁勇善战的骑兵，每当号角声起，他总是第一个冲向阵地。尽管因此而负伤，但奥斯特洛夫斯基从不退缩，依然战斗在最前线。这种无畏的行为使奥斯特洛夫斯基赢得了战友们的尊重。在战场上厮杀的同时，奥斯特洛夫斯基又是一个饱含热情的宣传者，他在集会上发表演说时，总是慷慨激昂，号召战士们跃马奋进，尽力搏杀。在科托夫斯基旅，他成长为一名优秀的共产主义战士。

旧的势力被粉碎，新的阴谋又在酝酿。1920年4月，英、法、美

① 由于此次革命发生在俄历二月，故被称“二月革命”。
② 称“白军”，指1918年至1920年苏俄国内战争时期的反革命武装。

等外国势力第三次武装干涉苏维埃。外国势力利用苏联与波兰两国之间领土争端的矛盾，怂恿波兰白军，由此爆发了苏波战争。5 月底，布尔什维克党中央将骑兵第一集团军投入到波兰前线，与波兰白军进行殊死战斗。布琼尼将军统帅的骑兵第一集团军被称为赢得战争的“拳头”部队，为苏联国内战争的胜利作出了巨大贡献。奥斯特洛夫斯基十分希望能加入这样一支威名赫赫的部队，他毅然转到布琼尼兵团，最后在兵团第四骑兵师当骑兵战士。他和战友们攻下了无数城池，多次突破了敌人的防线。敌人在一步步后退，红军在一步步前进，胜利就在不远的地方。1920 年 8 月 19 日，在攻占里沃夫城的激烈战斗中，奥斯特洛夫斯基不幸被炮弹击中，头部和腹部都受了重伤。这次受伤使得他在医院的病床上躺了两个月，医生一度认为奥斯特洛夫斯基没有救治的希望了，但年轻的身体、强大的意志使他渐渐苏醒，最终痊愈出院。但奥斯特洛夫斯基的右眼神经受损，出院时他的右眼视力仅为原来的五分之二，他被调往后方，主持共青团工作。

国内战争即将结束，尽管奥斯特洛夫斯基仍无限眷恋着疆场，但健康状况不允许他继续纵横驰骋，他“选择走上另一条新的战线——劳动战线，去从事斗争；而且同在战场上一样，舍生忘死，无所畏惧”①。

奥斯特洛夫斯基先是在基辅西南铁路局的一家大型工厂工作，担任电工和团支部书记。在这里，他一边工作，一边学习。奥斯特洛夫斯基的大部分时间都和青年们在一起，向他们宣传布尔什维克党的政策。他们经常举办团体活动，谈天说地，讨论时事。在奥斯特洛夫斯基的支持和鼓励下，工厂里的许多青年都加入了共青团组织。1921 年秋，奥斯特洛夫斯基接到了一项紧急任务：在最短的时间内，在森林和郊区车站巴亚尔克之间，修建一条支线铁路，以便于木材顺利送到城市。接到命令以后，奥斯特洛夫斯基号召广大青年一定要出色地完

---

① 特列古勃．奥斯特洛夫斯基传[M]．王明元，译．郑州：海燕出版社，2001：28.

成任务。他身体力行，亲自到巴尔亚克带头修建铁路。天气寒冷，朔风瑟瑟，修筑人员不仅要顶着严寒艰苦劳作，还要与饥饿和伤寒抗争，有时甚至要与周围的富农、匪帮作战。环境如此恶劣，许多人坚持不住而倒下，奥斯特洛夫斯基也患上了伤寒，双膝关节疼痛难忍，可他仍然咬牙坚持，一如既往地拼命工作。伤病损害了他的身体，他只能暂时放下工作去疗养。1922 年冬天，奥斯特洛夫斯基带领共青团团员抢运第聂伯河上的木材，在严寒的冬日，人们的腿没在冰冷刺骨的河水里，很快便毫无知觉，无法动弹，许多人因此而患上了关节病，奥斯特洛夫斯基最后也得了重感冒和关节病。任务结束后，他被送往医院，尽管接受了很好的治疗，但身体的损伤不可修复，疼痛仍然伴随着他。医师鉴定委员会决定让他享受残疾待遇，这时的奥斯特洛夫斯基年仅 18 岁。

健康离奥斯特洛夫斯基越来越远，群众却离他越来越近。忍受着痛苦与煎熬，奥斯特洛夫斯基强烈要求组织给他安排工作，他先是去了别烈兹多夫地区，后又去了伊贾斯拉夫地区，两处都属于边界地区，党组

故居餐厅

故居书橱

织的人员奇缺，匪徒、间谍等群魔乱舞，导致小城乌烟瘴气。这两个地方的党员每天都要全副武装，荷枪实弹，因为很容易与敌人发生摩擦和冲突，所以保持高度的戒备状态是必须的。虽然边界地区的工作难以展开，但奥斯特洛夫斯基凭借自己的善良和真诚赢得了青少年的信任和爱戴，短短几个月的时间，就有 100 多人团结在奥斯特洛夫斯基周围，他们共同建立了坚强的共青团组织。在边界地区工作期间，奥斯特洛夫斯基脚踏实地，言行一致，得到当地人的高度评价。

1924 年 8 月 9 日，奥斯特洛夫斯基正式成为一名共产党员，这对他来说是无上的光荣。可惜的是，他的健康状况急剧恶化，关节疾病一直困扰着他，多年的痼疾也在蠢蠢欲动。离开边界地区回到舍彼托夫卡之后，他又遭遇了一场严重的车祸，这次车祸犹如压倒骆驼的最后一根稻草，诱发了他体内所有的病痛。奥斯特洛夫斯基别无选择，他辗转于各个医院，被迫接受各种治疗。他一直与病魔相抗争，他渴望着，渴望着能回到他所热爱的事业中去，但谁也没想到这段路程如此艰难与漫长。

与病魔殊死搏斗

过去，奥斯特洛夫斯基用武器和言语战胜了反革命者，他因此感到轻松和愉悦。现在，疾病变成了他前进道路上的新的敌人，他选择以更坚韧的品格和更强大的意志与之搏斗。

1924 年到 1926 年，奥斯特洛夫斯基仿佛是无根的飞蓬，病痛的疾风将他吹向不同的医院和疗养院，病情却丝毫没有好转。刚开始，奥斯特洛夫斯基充满了希望，但经过多次手术和调养后，他变得忐忑不安，郁郁寡欢。病情在逐渐恶化，关节肿胀致使他不能独立行走，他不得不依靠“助手”—— 一根拐杖。他十分厌恶使用拐杖，仿佛他一旦使用，就再也好不了似的，然而最终他不得不与它和解。奥斯特洛夫斯基后来回忆说：“我是用自己的双脚走进医院，拄着拐杖走出医院的。”① 在治疗的日子里，奥斯特洛夫斯基经受了常人难以想象的折磨，度过了无数次艰难危机。他像一台散了架的机器，多个部件都出现了严重的问题。膝关节的疼痛日益加深，脊椎疼痛也如影随形，每到阴雨连绵时，身体的苦痛深入骨髓，他坐立难安，辗转反侧。后来又被查出患有心脏病、肾炎和胃病，流感也始终不放过他。患病的奥斯特洛夫斯基逐渐变得焦躁不安、爱发脾气，他的精神和体力在日复一日的痛苦中日渐衰竭。

在漫长难捱的岁月里，疾病是奥斯特洛夫斯基的敌人，但他从未被敌人打败。他不只是为健康而斗争，更是为生命而斗争；他不只是为个人而奋斗，更是为布尔什维克而奋斗。奥斯特洛夫斯基总认为自己如果不为社会做一点事情，不为党工作，就是欠了党的债，拖了党的后腿。他不希望自己成为一个落伍的战士，他应该工作并战斗在最前线，做思想先进且意志坚定的优秀党员。“奥斯特洛夫斯基虽身在医院，但他不

① 奥斯特洛夫斯卡娅．永恒的爱[M]．郭锷权，译．广州：花城出版社，1982：85．

愿意，而且也不觉得自己和党已经远远分离。作为党的忠实的儿子，他要和党同命运，共呼吸。"[①]患病之际，他仍然坚持看书看报，收听新闻，了解国家大事和各项政策，以期跟上党的步伐。奥斯特洛夫斯基还在医院结识了许多新朋友，其中不乏上过战场的老兵。病友们围在奥斯特洛夫斯基身边，听他讲述过去的峥嵘岁月，这些光辉事迹令战士们十分震撼。在这段痛苦又平静的日子里，奥斯特洛夫斯基结识了一生中最为忠实的朋友和伴侣——卡娅。他们一见钟情，相互扶持，相濡以沫，最终走到了一起。友情、爱情和亲情给予的鼓励，是奥斯特洛夫斯基黑暗生活中的一束光，支撑着他找寻生活的出路。

1927年，疾病使奥斯特洛夫斯基永远瘫痪，而在战争中受到损伤的双眼此时再度病发，视力极速衰退，最终在1928年秋天双目失明。这对奥斯特洛夫斯基来说是一个沉重的打击，原本纯净的蓝天阴云密布，原本光亮的人生灰暗无比。如果是一个普通人遇到这样的打击，恐怕早已意志消沉，但这是奥斯特洛夫斯基，是具有钢铁般坚强意志的奥斯特洛夫斯基，即使肉体犹如破损的树叶一般腐朽，他依然凭借着高昂的斗志和持久的毅力奋勇向前。

外人眼中的奥斯特洛夫斯基乐观积极，热情活跃，刚强勇敢。但他与病魔搏斗的艰辛又有谁能体会？当躺在病床上艰难呼吸时，他唯有咬牙忍耐；当手术失败时，他唯有坦然接受。奥斯特洛夫斯基从不放弃，他给哥哥的信中说："我这个久病之人，一直在医院里辗转徘徊。但我一定刚强不屈，绝不悲观沮丧。而且正如你所知，我也不会消极度日，浪费时光，而是要尽自己所能坚持生活下去。老实说，有时真是相当痛苦……"[②]能让奥斯特洛夫斯基说出"痛苦"二字，他所遭受的折磨必定难以忍受，然而他依然靠着自己顽强的信念如巨人般挺立。

---

① 特列古勃．奥斯特洛夫斯基传[M]．王明元，译．郑州：海燕出版社，2001：43.
② 特列古勃．奥斯特洛夫斯基传[M]．王明元，译．郑州：海燕出版社，2001：49.

1928 年，瘫痪的奥斯特洛夫斯基到索契进行水疗。这是他第一次来到索契，旅途历经艰险与波折，然而不幸的是，原本有一定疗效的水疗此时也无法制伏病魔，这让奥斯特洛夫斯基十分失落，精神危机也逐渐显现出来。他说："在那种情况下，活着还有什么意思呢？作为一个布尔什维克，我必须处决我的肉体……我无论从精神上和肉体上，都跑进了一个迷惘的角落……"[①]但奥斯特洛夫斯基并未被打败，在痛苦绝望过后，他战胜了精神危机，战胜了自己。

"只要一个布尔什维克的心脏还在跳动，他就无权承认自己被征服。在我们这种充满暴风骤雨的峥嵘岁月，需要有极其坚韧不拔的、钢铁般的性格。"[②]正如奥斯特洛夫斯基笔下所写的那样，他一生都没有被征服，一生都在战斗，他活出了最顽强的样子，而这种样子在保尔·柯察金身上得到了充分表现。

故居卧室

① 特列古勃．奥斯特洛夫斯基传［M］．王明元，译．郑州：海燕出版社，2001：61．
② 特列古勃．奥斯特洛夫斯基传［M］．王明元，译．郑州：海燕出版社，2001：72．

以文学重新战斗

在一张破旧低矮的床榻上，全身瘫痪、双目失明的奥斯特洛夫斯基口中念念有词，似乎在倾诉着什么。妻子卡娅坐在床边的小凳子上，紧挨着他。卡娅俯下身去，耳朵缓缓贴向奥斯特洛夫斯基的唇边，仔细地倾听着他的话语，不放过一丝一毫的声音。一旦听到了某个句子，卡娅迅速纸上写下。卡娅的手中，已经有了一小叠写得密密麻麻的稿纸。这些简易粗糙的稿纸，就是《钢铁是怎样炼成的》的初稿。

残酷的病魔没有击垮奥斯特洛夫斯基，在经历了千难万险之后，他选择“以我手写我口，以我口抒我情”，他找到了新的出路，重新燃起了对生活的希望，并以自己的最大努力再次战斗。在文学的道路上，奥斯特洛夫斯基是一个新人，但他一路摸索，在磕磕碰碰中奋力前行，哪怕全身瘫痪，双目失明，依旧不改初心。《钢铁是怎样炼成的》是奥斯特洛夫斯基的自白，从创作到出版，共经历了 4 年时间。4 年里，他夜以继日，呕心沥血，一天 24 小时，奥斯特洛夫斯基有 18 个小时甚至

故居厨房

20个小时都扑在写作上。他请妻子在一块厚纸板上挖出字一般大小的一个个空格，将这块纸板铺在稿纸上，这样他就可以顺着空格写字了。一段时间后，奥斯特洛夫斯基的双手越发疼痛，被迫放下了笔。此后，他只能通过口述他人记录的形式进行写作。他躺在病床上，一边回忆过去的灿烂时光，一边断断续续地口述，他说话的声音又轻又小，只有凑近了才能听得到，这种写作的方式既缓慢又艰难。奥斯特洛夫斯基口述时经常会停顿思考，还会三番五次地修改情节以达到完美，有时甚至会因为记录出错而发脾气。最初的笔录助手只有妻子卡娅一人。每天卡娅下班回家，都要花大量的时间记录奥斯特洛夫斯基的写作内容，抄录、整理、装订。后来，亲人与朋友也主动加入助手的行列中，在他们的帮助下，《钢铁是怎样炼成的》第一部终于完成了。

在写作过程中，忘我的工作加重了奥斯特洛夫斯基的病情，长时间的病痛让他饱受折磨，可他依然辛勤地写作，反反复复修改了好几次后，才小心翼翼地将这本书的第一部寄出去。手稿寄出后杳无音信，这不免让他灰心丧气，奥斯特洛夫斯基焦急不安，做好了退稿的心理准备。青年近卫军出版社慧眼识珠，最终决定出版《钢铁是怎样炼成的》第一部，不仅如此，出版社提前和奥斯特洛夫斯基签订了第二部的出版合同。这对奥斯特洛夫斯基来说是一个天大的好消息，他内心的激动和喜悦无法用语言描述。小说拟先刊登在最近出版的杂志《青年近卫军》第4期上，第一部连载完毕后进行出版。作品的出版不只意味着写作事业上的成功，更重要的是，奥斯特洛夫斯基取得了革命事业的新胜利，他重新回到战士的行列，并继续投身于社会主义建设中。

《钢铁是怎样炼成的》是一部不朽的著作，其中保尔·柯察金的形象最为突出。保尔是平凡的，是千千万万布尔什维克战士中的一员。他出身卑微，受过剥削和压迫；他当兵入伍，从最低的士兵一步步做起；他辛勤劳动，干好本职工作，而他的平凡中却蕴藏着伟大。保尔为人正直、刚毅果敢，维护弱者，看到不公平的事情就会仗义执言。他对党忠诚，忠于职守，将国家和人民的利益放在第一位，任何时候都敢为人先，不怕牺牲，就算前方有再大的挫折，他也会知难而上，永不后退；保尔态度积极，意志坚定，遇到痛苦和折磨，也总是能乐观开导自己；他的身上具有钢铁一般的顽强意志，哪怕身体瘫痪，也要攀登文学的高峰。保尔·柯察金是苏联第一代共青团员的缩影，是一位坚强勇敢的共产主义革命英雄。

一位英国记者曾问奥斯特洛夫斯基，为什么以《钢铁是怎样炼成的》为书名。奥斯特洛夫斯基回答："钢是在烈火与骤冷中铸造而成的。只有这样它才能坚硬，什么都不惧怕，我们这一代人也是在这样的斗争中、在艰苦的考验中锻炼出来的，并且学会了在生活面前不颓废。"[①]奥斯特洛夫斯基和保尔·柯察金都是钢铁般的巨人，他们有许多相似之处，都曾上过战场，与病魔搏斗，在病榻上转向写作，他们百折不挠的精神和顽强拼搏的意志是那么相像，因此有许多人认为《钢铁是怎样炼成的》带有一定的自传色彩。

奥斯特洛夫斯基写书的初衷是希望年轻人能承担起建设社会主义祖国的责任，保尔·柯察金的英雄形象感染了包括年轻人在内的无数人，他们尽全力保卫和建设年轻的祖国。《钢铁是怎样炼成的》被翻译成多国文字后，也深深影响了其他国家的人民。在中国，人民解放军战士怀揣这本书投身于争取自由的斗争；在希腊，民主人士为自由和独立而奋战；在越南，爱国人士不怕流血和牺牲，誓死抵抗侵略者的入侵。保尔·柯察金的形象深入人心，直至今日依然熠熠生辉，他像一座丰碑，屹立在文学史上，令无数人敬仰。

永远的奥斯特洛夫斯基

为了表彰奥斯特洛夫斯基为国家和人民所作贡献及在文学事业上的杰出成就，苏联政府决定授予奥斯特洛夫斯基列宁勋章，这枚勋章是当

① 奥斯特洛夫斯基．钢铁是怎样炼成的[M]．夏洛，编译．沈阳：万卷出版公司，2014：3.

故居外景

时苏联的最高奖赏。当这个消息登报之时，全国人民都沸腾了，贺电、贺信从全国各地纷至沓来，民众由衷地为奥斯特洛夫斯基高兴，在他们看来，这是奥斯特洛夫斯基应得的荣誉。赢得了祖国和民众的认可，奥斯特洛夫斯基不敢懈怠，他加紧工作，又构思了一部小说《暴风雨所诞生的》。小说讲述的是 1918 年乌克兰西部地区工人阶级和劳动群众在布尔什维克党的领导下，英勇反抗波兰贵族和德国占领军，为自由解放而斗争的故事。在接受列宁勋章前，奥斯特洛夫斯基已经完成了小说的部分创作，然而病魔再次气势汹汹地逼来，因劳累过度，身体向他提出抗议，生命敲响了警钟。尽管如此，奥斯特洛夫斯基却不肯休息，还在一遍遍地修改书稿，力求达到最完美的效果。他坚守在自己的文学阵地上，一刻也不敢放松。

1936 年 12 月 22 日晚，奥斯特洛夫斯基在莫斯科溘然长逝。临终前，奥斯特洛夫斯基忍受着极大的病痛，但面对死亡，他十分镇定，冷静勇敢地凝视死神的到来。只是他心中仍有遗憾：“我欠了青年们一大笔债。

故居大门

想活下去，需要活下去……”[1]奥斯特洛夫斯基渴望生命的延续，尽管这生命充满痛苦，他依然想用有限的生命去做更多的事。在生命的最后一刻，奥斯特洛夫斯基心中牵挂的，不是自己，而是祖国和人民。

罗曼·罗兰曾说："在奥斯特洛夫斯基的身上，燃遍了渴望工作和斗争的火焰。而且随着黑暗和死亡步步逼近，燃烧得越来越炽烈。他全身洋溢出永不衰竭的激情和乐观主义精神。正是这种豪情，使他同世界上所有正在奋战和前进的人们心心相印，一脉相通。”[2]奥斯特洛夫斯基在斗争中成长，不畏惧任何艰难险阻，就算遭遇令人绝望的命运也从不放弃，反而越挫越勇，始终展现着顽强抗争与积极向上的精神。奥斯特洛夫斯基永远和广大人民群众站在同一战线，鼓舞他们在水深火热的斗争中锻炼钢铁般的意志。高尔基也曾对奥斯特洛夫斯基大加赞赏，称他

① 特列古勃. 奥斯特洛夫斯基传[M]. 王明元，译. 郑州：海燕出版社，2001：247.
② 特列古勃. 奥斯特洛夫斯基传[M]. 王明元，译. 郑州：海燕出版社，2001：3.

的一生为“精神战胜肉体的光辉范例”[1]。奥斯特洛夫斯基从未放弃过斗争，也无时无刻不挂念着祖国和人民，他经受住了战争的考验，不屈服于病痛的折磨，他以文学作为新的武器，在人生的道路上披荆斩棘，他是精神上的强者。

今时今日，提及奥斯特洛夫斯基总会震惊于他的顽强意志，感动于他的无私奉献，无数人从他的身上汲取力量，投身于祖国的建设。奥斯特洛夫斯基的一生，是奋斗的一生，也是有价值的一生。他曾说："人生最美好的乃是：当你停止呼吸时，还能以自己的一切为人们服务。"[2]奥斯特洛夫斯基用行动践行了誓言，他的人生是最美好的人生。

（撰稿：陈雪琳）

参考文献

奥斯特洛夫斯卡娅. 永恒的爱 [M]. 郭锷权，译. 广州：花城出版社，1982.

奥斯特洛夫斯基. 钢铁是怎样炼成的 [M]. 夏洛，编译. 沈阳：万卷出版公司，2014.

郭锷权，赵佩瑜. 奥斯特洛夫斯基 [M]. 沈阳：辽海出版社，1998.

特列古勃. 奥斯特洛夫斯基传 [M]. 王明元，译. 郑州：海燕出版社，2001.

① 奥斯特洛夫斯卡娅. 永恒的爱[M]. 郭锷权，译. 广州：花城出版社，1982：199.
② 奥斯特洛夫斯卡娅. 永恒的爱[M]. 郭锷权，译，广州：花城出版社，1982：1.

帕斯捷尔纳克

莫斯科郊外的别列杰尔金诺村，有一座建在绿地之上的两层棕色别墅，在层层叠叠的白桦林映衬下，仿佛一艘停泊在海港的渔船。拥有红白相间屋顶的别墅在绿色波涛的簇拥下静静矗立着，似乎仍在讲述着他曾经的主人——诗人帕斯捷尔一生的志愿——“追求生活，而不是为了幸福而生活”①。这座别墅经历了国家的动荡与时代的变迁，承载着帕斯捷尔纳克的脆弱与悲伤。正是在这里，帕斯捷尔纳克度过了人生最为辉煌，也最为艰辛的岁月。

别列杰尔金诺村最初是一片荒凉空地，后来成为俄国官方第一个为“创作人员”修建的别墅村，帕斯捷尔纳克便是第一批分到别墅的作家之一。最初分给帕斯捷尔纳克的并非是如今这栋两层棕色小楼，“起初分配给他的是一套宽敞的六居室小楼，带有

① 帕斯捷尔纳克．日瓦戈医生[M]．白春仁，顾亚玲，译．上海：上海译文出版社，2012：87.

帕斯捷尔纳克故居（俄罗斯莫斯科）

休息厅和露台，位于一个草木不生的狭窄地块”①。

从1936年起，帕斯捷尔纳克就一直在这处“狭窄地块”生活与创作，并于1939年7月15日搬到这栋两层棕色别墅。直至1960年逝世，帕斯捷尔纳克都住在这里。

时代更迭，这间小屋依旧保留着诗人去世前的样子。室内陈列着电视机、撰写稿件的书桌，已显陈旧的衣橱。如果要给这些物件起名字的话，那就是“生活”，属于帕斯捷尔纳克的“生活”。那些已经成为历史的诗集，曾经的辉煌，都已成为过去。如何把握被时间所掩埋的人与事，如何理解被地域所限制的情与物，无法仅凭想象去解答。今人仍然可以从诗人留下的诗歌与小说，从诗人在这间别墅里所留下的生活印迹清楚得知，他始终都拥有一颗属于全人类的心灵。

在世界文学史上既神秘又伟大的国度——俄国诞生了果戈理、托尔斯泰、陀思妥耶夫斯基等诸多文学大家，还有许多的犹如灿烂星辰的诗人点缀在俄罗斯文学世界的上空，如“俄罗斯诗歌太阳”普希金、“俄罗斯诗歌月亮”阿赫玛托娃、“俄罗斯诗歌镜子”曼德尔施塔姆，还有这位无法用一个称号概括的帕斯捷尔纳克。无论是“太阳”“月亮”，还是“镜子”，无一例外都意在赞美那些赤诚的灵魂所具有的属于全人类的心灵。

① 贝科夫．帕斯捷尔纳克传（上、下）[M]．王嘎，译．北京：人民文学出版社，2016：623．

在贝科夫的《帕斯捷尔纳克传》中，这样描述了这位诗人：“帕斯捷尔纳克的名字，是刹那间幸福的刺痛。”[1] 帕斯捷尔纳克并没有得到华丽的称誉，但他却在平凡中追寻着转瞬即逝的带有刺痛感的幸福，默默坚守自己的幸福。

故居房号

很难想象诗人弥留之际，如何审视这栋别墅，一切都平淡无奇，这就是生活，这也是诗人所面对的生活。然而生活的奇迹之处在于，平静水面被打破，生活的无奇被人改变。那些人与闯进这平凡的生活，装点了帕斯捷尔纳克的世界。而帕斯捷尔纳克，则是这个世界的一颗恒星，默默燃烧，发光。

诗人的青春

帕斯捷尔纳克说：“童年，好像飞机场，在我们成年以后，还常常飞回去加油。”[2] 童年就像一只放飞的纸鸢，年少时，纸鸢系在手中，而成年后，童年则便成了一只凭风而飞的纸鸢，一去不复返。无论作为记忆而存在还是因时光而流逝，童年都无比珍贵，让人追忆。帕斯捷尔纳克在成为诗人之前，也曾是一个想努力认清这个世界并不断寻找自己位置的孩子，在这段放飞的时光里，帕斯捷尔纳克写下了最初的人生篇章。

1890 年 2 月 10 日，帕斯捷尔纳克出生在莫斯科的一个犹太家庭。父亲列昂尼德·帕斯捷尔纳克是莫斯科一所绘画雕塑建筑学院的教授和

---

① 贝科夫. 帕斯捷尔纳克传（上、下）[M]. 王嘎，译. 北京：人民文学出版社，2016：5.

② 帕斯捷尔纳克. 人与事[M]. 乌兰汉，译. 北京：新星出版社，2011：39.

画家，母亲罗莎莉亚·考夫曼是一位钢琴家。这个具有浓厚艺术氛围的家庭，给了他良好的成长环境，也为他日后走向艺术的道路奠定了基础。但生活并非一开始就朝着既定的方向发展，对于年轻的帕斯捷尔纳克，生活就是不断地怀疑与抉择。而第一个考验，就是他的犹太人身份。

1900 年，当帕斯捷尔纳克要上学时，这个由民族身份导致的问题便凸显出来，当时俄国中学的犹太人的入学受到限制也将是他未来要面临的最大问题。对此“帕斯捷尔纳克本人自视为一名受洗的基督徒，并从幼年便以此为尺度，衡量自我”①。在帕斯捷尔纳克关于自身犹太教与基督教身份的抉择中，始终有一个一以贯之的主题，那就是“否认”。

同样在 1900 年，还有另一件难以忘怀的事，那便是与一位诗人的相遇。年轻的奥地利诗人莱纳·马利亚·里尔克偕同恋人露·安德烈阿斯·莎乐美，来到莫斯科，帕斯捷尔纳克在火车站与他们相遇。虽是擦身而过，但这次相遇对帕斯捷克尔纳克意义非凡，《三诗人书简》中能够读出他们的这份诗情与诗缘。

1903 年 8 月 6 日，帕斯捷尔纳克迎来了生命的第一次转折。那天夜晚，他征得父母同意外出牧马。当年少的帕斯捷尔纳克刚刚跨上一匹还未装备马鞍的马，马匹便狂奔起来，不久便将其甩落在地。他被抬回家，随后开始发高烧。这一场可怕的意外事故似乎是上帝的馈赠，“他醒过来，身上的石膏板尚未拆掉，狂奔与坠落的节奏仿佛仍在重复。他初次切身感受到，言语居然也可能屈从于音乐的节奏。这是他的一场变容——他苏醒了，已然是一名诗人和音乐家”②。

这次意外事故让他能够以自己的眼光去观察世界，而不掺杂其他的观念。在他此后诸多的人生主题中，首次显现的是音乐，其次是哲学，最后才是诗歌，这俨然是一个知识分子的必备功课，而这些转变将在其

① 贝科夫．帕斯捷尔纳克传（上、下）[M]．王嘎，译．北京：人民文学出版社，2016：24．
② 贝科夫．帕斯捷尔纳克传（上、下）[M]．王嘎，译．北京：人民文学出版社，2016：27．

生命中依次出现。

对于音乐的兴趣，诗人在自传性作品《安全保护证》中有所描述。1903 年，当年轻的帕斯捷尔纳克初次见到作曲家、钢琴家斯克里亚宾时，便被其新奇的作曲方式所吸引，对作曲理论产生了浓厚兴趣。但最初的理想往往经不起时间的考验，在音感方面的缺陷，让一向追求完美的帕斯捷尔纳克放弃了最初带给他快乐的音乐。

但年少时的疑问却一直伴着帕斯捷尔纳克，这个疑问来自他所面对的整个世界和身处的社会。在自传体随笔《人与事》中，帕斯捷尔纳克这样谈到年少时的内心世界："我相信崇高的英雄世界的存在，我要心醉神迷地为之服务，尽管它会带来痛苦。有多少次，在六七八岁的年纪，我险些要自杀！我怀疑周围到处是形形色色的秘密和欺骗。"[①] 这些发自内心的与世界博弈的声响，最终注定帕斯捷尔纳克永远无法得到一个确切的回答，而只能无限地追寻，无法停留片刻。

1909 年，帕斯捷尔纳克考入莫斯科大学法律系，后转入历史语文系哲学班。从这一年开始，帕斯捷尔纳克开始了诗歌写作。从音乐世界中遗憾退场的他，又以音乐为根基，构建诗歌的王国。音乐是一切的源头，而诗歌借用哲学的宇宙视野，审视着这位年轻诗人心中残留的音乐碎片，并最终依凭语言而呈现。此时的帕斯捷尔纳克正用诗歌追随着宇宙的叩问，而又想凭借着哲学来清偿这一无法偿还的债务。

1912 年夏天，经过与父亲漫长的争论，帕斯捷尔纳克赶赴德国马尔堡大学，在科恩教授指导下攻读德国哲学，研究新康德主义学说。父母都为帕斯捷尔纳克担心，因为他还没能找到一份能够养活自己的工作。帕斯捷尔纳克却毅然决然，带着自己最初的诗歌上路了：

① 帕斯捷尔纳克．人与事[M]．乌兰汉，译．北京：新星出版社，2011：65.

故居侧影

二月

二月。蘸上墨水禁不住哭泣！
书写二月，要放声痛哭，
当冰雪融化，你将轰响，
燃烧黑色的春天。

花六十戈比，租一辆马车，
穿越祈祷钟声与车轮呼叫，
飞驰着奔向倾盆大雨
比墨水和泪水更猛烈的地方。

在那里，千百只白嘴鸦，
仿佛焦黑的梨子，
从树上坠入水洼，

故居房间

把枯愁倾注眼底。

愁伤之下，黑土解冻，
风被叫喊声穿透。
诗歌在痛哭中成型，
越偶然，就越真实。[①]

这首诗被帕斯捷尔纳克认为是其第一首成功的诗作，是他对童年生活的见证与回忆。在好友的鼓励下，帕斯捷尔纳克完成了第一次蜕变，但这仅仅是一道通往诗歌世界的门，一个诗歌之子的黎明即将来到。生性聪颖机敏的帕斯捷尔纳克并没有迫不及待地踏入诗歌的大门，而是继续探索生活，充盈自己的生命。

---

① 贝科夫. 帕斯捷尔纳克传（上、下）[M]. 王嘎，译. 北京：人民文学出版社，2016：65.

诗人的爱情

倘若给帕斯捷尔纳克的诗歌概括一个主题，那就是女性与爱情。在《安全保护证》中，帕斯捷尔纳克写到了童年时的一次难忘的经历："鼓乐喧响之下赤裸地汇集着苦痛的热带游行队列，引发了我对女性的最初感受。我提前成为形式的奴隶，因为从她们身上我过早地看到了奴役的形式。"① 贝科夫的解释是"形式一词的双重语义虽然不确定，但对帕斯捷尔纳克来说，关于那些女奴的印象，确实源于半裸的女性之美所带来的初次震撼。由此可见永恒的受虐与施虐情节，它后来伴随爱情的主题，贯穿他的创作"②。

最初的爱情往往意味着遗憾，仿佛是夏夜里的萤火，可遇而不可求。这般心动与怅然总是令人向往。帕斯捷尔纳克年轻时爱慕一个茶厂老板的女儿伊达·维索茨卡娅，这段爱慕之情在诗人的记叙中成为一种命运式的注定："由于性情和教育的缘故，我终究不能也不敢。"③ 这段情感，源自一种对世界的无限责任以及对情感障碍的认知，是被隔离的美以及被禁锢的声音，是一种永恒的受虐与施虐情节。这段恋情最初伪装出风和日丽的景象，最终却如同暴风雨般猛烈，以至于成了帕斯捷尔纳克生命中的第二次转折。

这次转折伴随着爱情，同时也牵连着哲学。前去马堡追寻答案的帕斯捷尔纳克，第一次踏上马堡的土地时就意识到，这座城市吸引他的不是美学，不是哲学，而是艺术。事实上，帕斯捷尔纳克曾在与他人的书信中隐约地提到了告别哲学事业的想法："严谨的思考对于我来说绝非难事，我可以找到通向它的路径。但我的困惑在于：它究竟是否为我所

① 帕斯捷尔纳克．安全保护证[M]．桴鸣，译．上海：上海译文出版社，2015：47．
② 贝科夫．帕斯捷尔纳克传（上、下）[M]．王嘎，译．北京：人民文学出版社，2016：25．
③ 帕斯捷尔纳克．安全保护证[M]．桴鸣，译．上海：上海译文出版社，2015：67．

需。”[①]帕斯捷尔纳克逐渐坚定了最初的想法，哲学研究将他与所爱的艺术隔离开来，而这对他，是一个错误，是在否定自己。马堡的哲学之旅很快走到了终点。而之前一直隐藏的爱恋之河也逐渐迎来了最大的一次洪峰。

1912 年 6 月，在帕斯捷尔纳克告别哲学的前夕，伊达抵达了马堡停留了 4 天。这几天成为帕斯捷尔纳克爱情之河的断流，被无名激情所支配的爱情，最终如同骤雨后的平寂。毫无头绪的告白以及被无情冷漠地拒绝，让帕斯捷尔纳克悲痛欲绝。这段经历被诗人描述成了一个绝望的黑暗瞬间：“唯一的原因，却是决定性的原因！我丧失了内心眷恋的一切。为我所爱的人们，全都公然或秘密地离我而去。这样的别离有害无益。没有人爱我。没有人等我……我简直有口难言，也无法接近现实：我所依存的整个世界，那柔情脉脉的一切——全将我抛弃。”[②]帕斯捷尔纳克明白，梦想的美好与其不可实现并不冲突，这一切不能用哲学去解释，而只能用艺术实现。“上帝，这趟马堡之旅多么充实啊！但我要抛开一切——除了艺术，别无所求。”[③]

1912 年 6 月 16 日，对现实中残破理想的所有依恋终须放手，帕斯捷尔纳克决定做一个诗人。对于帕斯捷尔纳克来说，这次的失恋促使他的成长。如果说以往是诗歌的萌芽，这次却是帕斯捷尔纳克第一次以诗人的身份展开了生命的画卷。一首诗歌诞生了：

马堡

那天，我在城里漫步，
我牵挂你，排练你，就像

① 贝科夫．帕斯捷尔纳克传（上、下）[M]．王嘎，译．北京：人民文学出版社，2016：71．
② 贝科夫．帕斯捷尔纳克传（上、下）[M]．王嘎，译．北京：人民文学出版社，2016：87．
③ 贝科夫．帕斯捷尔纳克传（上、下）[M]．王嘎，译．北京：人民文学出版社，2016：89．

故居阳台

莎士比亚悲剧里的外省演员
把你从头到尾背得烂熟。

我战栗着。我燃烧，又熄灭了。
我的心在狂跳。我刚刚求婚了——
可是已晚了，我胆怯了，我得到的——是拒绝。
她的泪，多么可惜！我比圣徒更有福。

我来到广场。我可以算是
重生之人了。每一桩琐事
依然生动，并从它逝去的意义中升起，
我却不知被置于何处。

石子路烧化了，街道黑黝黝的
额头，鹅卵石皱着眉
注视天空，风像船夫

故居琴室

在椴树间划桨。一切似曾相识。

………[1]

这首诗歌的诞生有一个插曲。从 1910 年起，帕斯捷尔纳克与表妹奥丽嘉·弗莱登伯格就开始了书信交往。这次交往最初的目的在于了解，之后是理解，最后是尝试去爱，然而每一步都异常艰辛。在两人的书信来往中，帕斯捷尔纳克那喷薄的热情使得他写下的文字杂乱无章，这也被心思缜密的奥丽嘉看穿，在回信中时常加以嘲讽，这令一向忠于自己的帕斯捷尔纳克无比痛苦。

忠于自己，这个不断被怀疑又不断被确认的人生信条，在爱情与女性的主题中被一再提及。在哲学与个人的抉择中，在爱情与个人的抉择中，帕斯捷尔纳克在人生的第二个转折点上，选择了忠于自己。

1913 年 12 月，随着诗人的第一部诗集《云雾中的双子座》出版，

---

① 贝科夫．帕斯捷尔纳克传（上、下）[M]．王嘎，译．北京：人民文学出版社，2016：78.

帕斯捷尔纳克的诗歌创作一发不可收拾，接连出版了诗集《跨越障碍》《生活，我的姐妹》《主题与变奏》《崇高的疾病》《施密特中尉》，主题涉及爱情、婚姻、战争、友谊等。

如果说爱情给予了诗人对于理想的幻灭感，那么即将到来的革命则将诗人卷入了另一场幻灭中。从 1914 年的第一次世界大战到 1917 年的十月革命，俄国经历了翻天覆地的变化，所有人都被迫卷入政治旋涡。"大约到了 1918 年春末，他确实把十月事变看作一场'了不起的外科手术'，一项业已开创并将进行到底的光辉事业，然而，他也比别人更早察觉到恐怖的来临，并表达了自己的憎恶之感……到了 1925 年前夕，他便醒悟过来，这个新世界并未留给他一席之地；接下来的十年，他努力适应它，代价却是严重的精神危机和创作危机。终于，他放弃了最后的幻象。"[①] 今人无法苛责一个诗人的革命观与使命感，诗人眼中的真实，只源于生活本身而别无他物。就革命而言，帕斯捷尔纳克认为它是自然的，是一种不可避免的非理性现象，而唯一值得去把握的唯有生活。这是诗人诗作中的另一个主题，而这一主题即将面临巨大的挑战。于此，帕斯捷尔纳克迎来了他作为诗人的第三次转折。

诗人的苦难

1930 年，帕斯捷尔纳克的生命发生了第三次转折。这次将他推向悬崖边的是历史与政治的巨变。这如同暴风骤雨般的政治劫难，给诗人更多的是精神上的重压。当一种理想面对另一种理想时，那一时刻所要做出决断的那个自我便几近分裂。高尔基笔下那只随着风暴起舞的海燕，作为一种革命的理想，象征着面对黑暗的勇气与力量。而帕斯捷尔纳克这时能成为一只搏击风浪的海燕吗？在风暴中飞翔的坚强

① 贝科夫．帕斯捷尔纳克传（上、下）[M]．王嘎，译．北京：人民文学出版社，2016：174．

的海燕值得敬佩，而默默坚守自我又不得不面对这暴风骤雨的那些林中鸟，也同样值得尊敬。

1929 年 12 月 24 日的信件中预示了新年的悲伤色调：“我活得再难不过了，写作也步履艰辛。”这里的怨气包含着对自身病痛的苦恼，同时也包含着对文坛内外人情凉薄的感慨。1930 年 2 月，受托洛茨基和勃留姆金一案牵连，帕斯捷尔纳克的表妹夫弗拉基米尔·希尔洛夫被捕，随后被枪决；4 月 14 日，好友马雅可夫斯基自杀。马雅可夫斯基这位被称作“理想国度绝无仅有的公民”，却在一个国度逐渐建立起来的时刻举枪自杀。诗人经历的苦难无法言说，唯有独自忍受。

而即将降临到帕斯捷尔纳克身上的新的苦难又接踵而至。“公开审讯的起始、逮捕知识分子的浪潮、术语‘害人虫’的出现、对‘工业党’的审判……”① 正是在这渐趋黑暗的环境中，帕斯捷尔纳克完成了《安全保护证》。正如它的名字一样，这是一份对自我的证明，一份对时局的嘲讽，一份对逝去时代无奈的悼词，也是对年轻时无所顾忌的理想主义的告别。如同赫拉巴尔在《过于喧嚣的孤独》中所选择的那个垃圾处理站一样，在高压之下，唯有湮没自己，缄默无闻，才能使理想存活。可惜的是，诗人帕斯捷尔纳克的人生信条并不允许他这样做。

1932 年 2 月 3 日，帕斯捷尔纳克因婚姻问题试图服毒自杀：“我心里骤然涌起极度痛苦的破灭之感。刹那间，我发现自己整个人生都坍塌了，没有谁理解这一生，如今，出于对死的惶恐，连我也不理解它……”②

1934 年 5 月 14 日，友人奥西普·曼德尔施塔姆被捕；1935 年 10 月，尼古拉·普宁和列夫·古米廖夫在列宁格勒被捕；1937 年 2 月，布哈林被捕；7 月，帕奥罗·雅什维利开枪自杀；10 月，纪齐安·塔毕泽被

---

① 贝科夫．帕斯捷尔纳克传（上、下）[M]．王嘎，译．北京：人民文学出版社，2016：415.
② 贝科夫．帕斯捷尔纳克传（上、下）[M]．王嘎，译．北京：人民文学出版社，2016：459.

故居房间一隅

捕；1941年8月，随着战争的爆发，玛丽娜·茨维塔耶娃在叶拉布加自杀。

这接连的噩耗打击并没有击垮帕斯捷尔纳克，反而给了他最后的力量去追寻和实践自己的文学理想。1932年8月，出版诗集《第二次降生》；1935年出版翻译诗集《格鲁吉亚抒情曲》;1938年到1940年,完成《哈姆雷特》俄语译本；1942年，翻译《罗密欧与朱丽叶》；1944年，出版叙事长诗《霞光》；1945年，出版诗集《辽阔的大地》；1946年，开始创作长篇小说《日瓦戈医生》;1958年,帕斯捷尔纳克荣获诺贝尔文学奖。他的一生，一面是对苦难的顽强挣扎，一面是对自己的忠诚解剖。他的一生夹杂着濒临破碎的感情和混乱繁杂的政治生活、战争导致的颠沛流离。这些灰暗色调,混合着红色的革命,以及诗人蓝色的忧郁,喷薄着一个新的黎明。

这三次转折是一个漫长而又艰难的过程，转折完成的标志便是小说《日瓦戈医生》的诞生。

这部从创作伊始便不断受到阻挠的小说，得以完成并冲破政治的藩篱而走向世界，本身就是一个奇迹。其抒情品性及其对于历史、真实人性的坚守与表现，无不使人动容。我国俄罗斯文学研究者刘文飞对这部小说评价道：“《日瓦戈医生》是一部历史小说。1945年，帕氏开始写小说的时候，就在给表妹的信中写到，他要对近四五十年的俄国历史进行一次形象的概括，要表现一个人在历史中的生活。帕氏注重的是历史中的个人，人与历史的冲突和抗衡。在他看来，人的存在价值不亚于历史的存在。历史的存在意义在于创造人，而不是相反。正是因此，他坚决反对任何假借‘历史’名义对‘个人’的强加和凌驾。他似乎想通过这部小说表达：历史的发展与个人的发展、国家的命运与个人的命运之

故居书房

间或许是充满矛盾的，历史进步的目的与达到目的的手段之间或许是构成冲突的。”这也正回应了那个艰难的人生命题：个体与国家之间的关系。帕斯捷尔纳克无私地做一个个体，对情感忠诚；无私地做一个国家的知识分子，对国家忠诚。他是一个无可挑剔的人，正如茨维塔耶娃评价他为“良心烛照下的艺术”。

诗人的第三次转折，仿佛是最后一次燃烧，正像《日瓦戈医生》结尾的附诗《圣诞之星》，生活的夜空下，人群淹没在寒冷的雪中，然而一颗星在不经意间就照耀了漆黑的夜空，而夜空下风依旧吹着，寒冷依旧，人群畏缩。新春的到来还需耐心地等待。

诗人的陨落

帕斯捷尔纳克在缓慢燃烧自己的过程中，经历了多次挫折。

这些挫折集中于1958年获诺贝尔文学奖之际。10月23日，帕斯捷尔纳克被通知荣获诺贝尔文学奖；10月25日，苏联作协召开党务会议商讨相关事宜；10月26日，《文学报》刊登《新世界》杂志编委会给《日瓦戈医生》的退稿信；10 月 27 日，苏联作协理事会主席团讨论关于帕斯捷尔纳克长篇小说《日瓦戈医生》在境外发表的事件；10 月 29 日，帕斯捷尔纳克被迫致电诺贝尔委员会，放弃领奖；苏联共青团中央第一书记弗拉基米尔·谢米恰斯特内在庆祝共青团成立 40 周年大会上发言，声称苏维埃政府准备将帕斯捷尔纳克驱逐出境；10 月 30 日深夜至 31 日凌晨，帕斯捷尔纳克给赫鲁晓夫写信，请求不要剥夺他的苏联国籍；10 月 31 日，莫斯科作家全体会议决定将帕斯捷尔纳克开除作协，并提请政府剥夺其国籍；11 月 5 日，经苏共中央文化部审定通过，帕斯捷尔纳克的信在《真理报》发表。信中包含他放弃接受诺贝尔文学奖的声明，以及准许他在苏联生活和工作的请求，等等。

帕斯捷尔纳克无法被污染的心灵如此柔弱，却又如此坚硬。在将帕斯捷尔纳克开除出作协的莫斯科作家全体会议上，帕斯捷尔纳克致信给大会全体成员，为自己辩解，这封信里有两条是这么写的："6. 我想，诺贝尔奖带给我的喜悦不会是孤单的，它涉及我作为其中一部分的社会。在我看来，授予我这个生活在俄罗斯的现代作家因而也是苏联作家的荣誉，同样连带着授予了整个苏联文学。令人痛心的是，我却如此迷茫，仿佛迷失了方向……8. 同志们，我听凭一切发落，并且不会责怪你们。形势有可能迫使你们在对我的处理方面走得很远，等你们迫于同样形势的压力，再来为我平反，那就为时已晚。此种情形在以往却是屡见不鲜！我请你们别急。这不会为你们增添荣耀和幸福。"① 这两条表现出了一个知识分子的骨气。正如诗人在诗作《施密特中尉》中写的那样：

如同你们，我也是时代
大变迁的一部分。
我将接受你们的判决，
并无怨恨和怪责。

① 贝科夫. 帕斯捷尔纳克传（上、下）[M]. 王嘎，译. 北京：人民文学出版社，2016：874.

虽说并无怨恨和怪责，但这重重的阻挠与排斥，已经使诗人的内心深受伤害。1959年,帕斯捷尔纳克写下《诺贝尔奖》一诗,借以表述本心。

我深陷绝境，犹如困兽。
隐约有光、人影和自由，
追猎的喧声就在我背后，
我已无路可逃。

昏暗的树林和池岸，
倒伏的云杉的躯干。
所有的通道都已切断。
要来的就来吧，无所谓。

我做了什么恶事，
难道我是歹徒和凶犯？
我让整个世界哭泣
只因我故土的美丽。

可是，就算离坟墓不远，
我仍然相信——
善的灵魂终将战胜
卑鄙和仇恨的势力。

因为这首诗，帕斯捷尔纳克又一次受到传讯问话，并要求停止与国外来往。而这一次，也是最后一次了。

1960年5月，帕斯捷尔纳克的病情恶化，临终的话语让人心酸而动容，他对着第二任妻子洛娜伊达·尼古拉耶夫娜说："我热爱生活，我也爱你，但我与你离别并无遗憾：周围有太多的庸俗，不仅在我们这里，整个世界都一样。无论如何，我都不会与之和解。我对你感激不尽。”①当晚 11 时，他对妻子说：“请原谅。……我快乐。”诗人的幸福或许很简单，又或许很复杂，苦难缠身的半生中，那句“快乐”究竟从何而来？

诗人的陨落，伴随的是一个新黎明的开始。如同一颗晨星，在太阳光芒的照耀下渐渐隐匿在天空的蔚蓝中，如今享受光明的我们，是否也曾记起那些在至暗时刻仍旧作为一颗星发出光亮的人们，默默燃烧自己，照亮通往黎明的道路。

结语

帕斯捷尔纳克的葬礼被如实记录在了 1960 年 6 月 4 日苏共中央文化部的文件里。在这些文字中，不乏对帕斯捷尔纳克的追忆与赞美。在严密的监视下，人们的心灵依然平静而自然，他们诚实地面对一个诚实的诗人，也在面对自己的良心。艺术学教授阿斯穆斯在墓前发言，他称帕斯捷尔纳克为天才的翻译家和作家，并说，只要地球上存在俄罗斯语言和俄罗斯诗歌，帕斯捷尔纳克的名字就会流传下去。当然，身处时局中的人则说着另一番话：“谨此提请苏联作协和苏联文化部注意对创作青年和大学生加强教育工作的必要性，在他们中间，有一部分人（寥寥无几）染上了不健康的不满情绪，试图将帕斯捷尔纳克塑造成一名不为时代所

故居铭牌

① 贝科夫．帕斯捷尔纳克传（上、下）[M]．王嘎，译．北京：人民文学出版社，2016：973．

故居外景

理解的伟大艺术家。”[1]这里所说的“一名不为时代所理解的伟大艺术家”恰恰证明了帕斯捷尔纳克的地位。这一历史文本的奇妙之处在于记录者与被记录者对于一名已逝作家不同评价的相互碰撞，真实与谎言在这里交融时代造就了这一历史文本，也造就了帕斯捷尔纳克的一生。

诗人死后，随着局势的变化，果真如帕斯捷尔纳克所言，那一场荒唐的审判最终被平反。然而这些相比于那句“我快乐”的人生断言，似乎都无足轻重。至今，诗人生前的照片依然陈列在别列杰尔金诺夫的小别墅内，《日瓦戈医生》也依然被全世界的人阅读。

帕斯捷尔纳克一生追求的是心灵与情感倾诉的艺术，拒绝为了应时和实用而创作。在创作中，他始终坚守着独立的个性和主体意识，拒绝随波逐流；他所描写的事物通常都是直接从生活中获取，无论是情感还是尘埃般的感悟。他热爱生活，厌恶庸俗，不为局势所左右，始终坚持

① 贝科夫．帕斯捷尔纳克传（上、下）[M]．王嘎，译．北京：人民文学出版社，2016：980．

自己的人生信条——忠于自我。在一个迫于流俗的时代，即便是被孤立排斥，帕斯捷尔纳克依旧依凭一颗坚毅的心灵，坚守自己的位置。无论是诗歌，还是其小说、散文等作品，均代表了俄国“白银时代”的最高水平，同时也是整个世界的伟大文学资源。正如帕斯捷尔纳克传记作者贝科夫所说，文学对人类别无亏欠，帕斯捷尔纳克的作品更是如此。

（撰稿：张龙俊）

参考文献

贝科夫. 帕斯捷尔纳克传（上、下）[M]. 王嘎，译. 北京：人民文学出版社，2016.

策兰. 保罗·策兰诗文选 [M]. 王家新，芮虎，译. 石家庄：河北教育出版社，2002.

里尔克，帕斯捷尔纳克，茨维塔耶娃. 三诗人书简 [M]. 刘文飞，译. 北京：中央编译出版社，2007.

帕斯捷尔纳克. 阿佩莱斯线条 [M]. 乌兰汉，等译. 上海：上海译文出版社，2011.

帕斯捷尔纳克. 抒情诗的呼吸——1926 年书信 [M]. 刘文飞，译. 上海：上海译文出版社，2011.

帕斯捷尔纳克. 人与事 [M]. 乌兰汉，译. 北京：新星出版社，2011.

帕斯捷尔纳克. 日瓦戈医生 [M]. 白春仁，顾亚玲，译. 上海：上海译文出版社，2012.

帕斯捷尔纳克. 第二次诞生 [M]. 吴笛，译. 上海：上海人民出版社，2013.

帕斯捷尔纳克．帕斯捷尔纳克诗全集 [M]．顾蕴璞，王智量，李海，译．上海：上海译文出版社，2014.

帕斯捷尔纳克．安全保护证 [M]．桴鸣，译．上海：上海译文出版社，2015.

图书在版编目（CIP）数据

大家之家. 文学卷. 4 / 车吉心, 谭好哲主编. --济南：泰山出版社, 2020. 1

ISBN 978-7-5519-0564-0

Ⅰ. ①大… Ⅱ. ①车… ②谭… Ⅲ. ①作家—列传—世界 Ⅳ. ①K811

中国版本图书馆CIP数据核字（2019）第166879号

主　　编　车吉心　谭好哲
策　　划　胡　威　梁晓东
责任编辑　池　骋　王艳艳
装帧设计　路渊源

DAJIA ZHI JIA：WENXUE JUAN 4

大家之家：文学卷 4

出　　版　泰山出版社
社　　址　济南市泺源大街2号　邮编　250014
电　　话　总编室（0531）82022566
市场营销部（0531）82025510　82023966
网　　址　www.tscbs.com
电子信箱　tscbs@sohu.com
发　　行　新华书店
印　　刷　东港股份有限公司
规　　格　787 mm × 1092 mm　16开
印　　张　14.75
字　　数　209 千字
版　　次　2020 年 1 月第 1 版
印　　次　2020 年 1 月第 1 次印刷
标准书号　ISBN 978-7-5519-0564-0
定　　价　46.00 元
